생각이 열리는

**교과서 토론
세계사**

생각이 열리는
# 교과서 토론 - 세계사

| 초판 1쇄 | 찍은 날 2021년 11월 15일 |
| 초판 1쇄 | 펴낸 날 2021년 11월 22일 |

지은이 　강문형·강인미·김굉미·송동근·안희평·오정은·이경윤·정대성

| 발행인 | 육혜원 |
| 발행처 | 이화북스 |
| 등 록 | 2017년 12월 26일(제2017-0000-75호) |
| 주 소 | 서울특별시 마포구 월드컵북로 400 서울산업진흥원 5층 15호 |
| 전화 | 02-2691-3864 |
| 팩스 | 02-307-1225 |
| 전자우편 | ewhabooks@naver.com |

| 편집 | 박나리 |
| 디자인 | 책은우주다 |
| 마케팅 | 임동건 |
| ISBN | 979-11-90626-18-7 (04080) |

교과서 토론 시리즈 03

생각이 열리는

# 교과서 토론

## 세계사

강문형 · 강인미 · 김굉미 · 송동근 · 안희평
오정은 · 이경윤 · 정대성 지음

이화북스

## 머리말


'토론'이라고 하면 뭔가 좀 무거운 느낌부터 들지요. 어렵고 전문적인 능력이 필요하지 않을까 하는 생각도 곧장 납니다. 결론부터 말하면 전혀 그렇지 않습니다. 토론은 대화의 한 형태로, 주제를 놓고 상대방과 주거니 받거니 이야기를 나누는 것이니까요. 신기하게도 토론 방식이 시험공부에도 더 효과적이라고 밝혀졌습니다. 책을 보고 끙끙대며 외운 것은 자고 나면 잊어버리기 일쑤지만 친구들과 신나게 말한 내용은 웬만해서는 까먹지 않는 것과 같은 이치라고 하겠지요.

'교과서 토론-세계사'는 그런 이유에서 나온 책입니다. 세계사야말로 토론에 딱 맞는 주제이자 공부입니다. 콜럼버스가 아메리카에 처음 발을 디딘 1492년은 언제나 변함이 없지만, 그 도착이 빚은 결과를 놓고는 늘 치열한 토론이 가능하니까요. 물론 토론은 논쟁처럼 뜨거워질 수도 있지만 상대방을 이기려고 하는 일은 절대 아닙니다. 오히려 생각이 다른 상대의 말을 귀담아듣고 내 주장을 펼치며 서로의 의견을 보충하고 넓혀 가는 일입니다.

이 책에서는 그런 흥미진진한 대화가 열띤 논쟁의 장으로 펼쳐집니다. 서양 고대 문명인 '고대 그리스 민주주의'와 '로마 제국'부터 시작해, '중세 유럽'과 '프랑스 혁명'을 거쳐 나치의 '유대인 학살'까지 종횡무진 신나는 토론 여행이 꼬리를 물고 이어지는 것이지요. 세계사에 걸맞게 '칭기즈칸'과 '중동 문제'도 등장해 균형을 맞추었습니다.

각 주제를 놓고 매번 찬반 토론이 격렬하게 벌어지지만, 크게 보면 찬성편도 반대편도 토론을 통해 새로 배움을 얻고 있습니다. 손에 땀을 쥐고 토론을 지켜보거나 한쪽을 열심히 응원했던 독자들도 결국 양쪽 주장 모두를 통해야 주제의 내용이 풍부해지고 설득력을 얻게 됨을 깨달아 가지요. 토론은 결국 배움을 위한 가장 열정적인 수단인 것입니다. 논리적이고 비판적인 대화의 광장인 토론을 통해 한 걸음 더 나아가며, 미처 생각하지 못한 점을 상대방에게서 배우기 때문입니다.

세계가 모두 이웃인 시대를 살고 있는 우리에게 세계사는 좋은 길잡이 역할을 할 것입니다. 대한민국이 지금 여러 나라와 어깨동무하며 세계 무대의 주역으로 올라서고 있는 중이라 세계사 공부는 더욱 의미가 있습니다. 이 책은 세계 역사 속의 결정적 순간으로 여러분을 초대해 토론에 뛰어들게 할 것입니다. 자, 준비되셨나요? 토론 여행을 위한 열차가 이제 출발합니다. 우리 같이 외쳐 볼까요? Go, Go!

# 차례

· 쟁점 1 ·

# 고대 그리스 민주주의

— 고대 그리스의 민주주의는 민주적이었는가

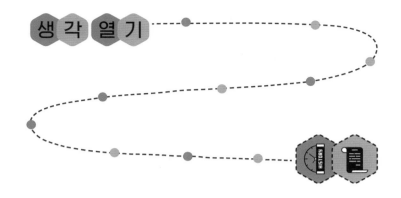

고대 그리스는 오늘날 인류에게 여러 분야에서 많은 문화 유산을 남겨 주었습니다. 그리스를 여행하는 관광객이 주로 찾는 아테네 파르테논 신전과 같은 아름답고 웅장한 건축물만 보더라도 당시의 찬란했던 시절을 짐작하게 합니다. 하지만 고대 그리스는 이런 눈에 보이는 유산보다 더 가치 있는 것들을 우리에게 남겨 주었습니다. 대표적인 것이 바로 정치 유산, 즉 민주주의 제도입니다.

▲ 파르테논 신전을 통해 고대 그리스의 찬란했던 시절을 짐작할 수 있다.

민주주의라는 말은 원래 고대 아테네에서 사용한 데모크라티아<sup>demokratia</sup>라는 말에서 유래하였습니다. 인민을 뜻하는 demos와 힘 또는 지배를 의미하는 kratia의 합성어로 '인민에 의한 지배'를 뜻합니다. 아테네 도시국가에서는 이를 실현하기 위해 다양한 법과 정치제도가 만들어지고 시행되었습니다.

오늘날 민주주의의 뿌리이자 산실인 아테네에서는 시민이 직접 정치에 참여하는 것이 당연시되었으며, 정치적 권리의 위임은 있을 수 없다고 생각하였습니다.

물론 아테네에서도 시민의 대표를 선출하는 대의제를 운영했습니다. 하지만 민회에서 투표로 선출되는 일부 행정직을 제외하고는, 대다수의 공직을 추첨을 통해 선발하여 운영하였다는 점이 아테네 민주주의의 특징입니다. 현대 선거 대의민주주의[1]가 간접민주주의인 이유는 선거에 의해 선출된 통치자가 인민을 다스리기 때문입니다. 반면, 아테네의 대의제가 직접민주주의로 이해될 수 있는 이유는 통치자를 추첨을 통해 선출함으로써 인민이 통치자이면서 피통치자라는 개념, 즉 통치와 복종을 번갈아 하는 것이 실질적으로 보장되었기 때문입니다.

오늘날처럼 민주주의가 공기처럼 당연하게 여겨지고 그 속에서 살아가고 있는 시대에 고대 그리스의 민주주의를 논하는 것은 고리타분한 주제일 수 있습니다. 그리고 고대 그리스에서 민주주의가 전성기를 구가했던 시기와 현재 우리가 살고 있는 시기 사이에는 약 2,400년이라는 시간적 간극이 존재합니다. 하지만 선거를 통한 오늘날의 대의민주주의에 대해 회의적이고 비판적인 태도를 취하는 사람들이 늘어나면서 아테네의 민주주의에서 그 대안을 모색하려는 연구와 시도가 점차 늘어나고 있

[1] 직접적으로 투표권을 행사하지 않고 대표자를 선출해 정부나 의회를 구성하여 정책 문제를 처리하도록 하는 민주주의

는 실정입니다. 동시에 반대편에서는 아테네 민주주의가 지나친 이상주의에 사로잡힌 허황된 것이라는 비판도 있습니다.

이러한 아테네 민주정치가 역사적으로 어떻게 발전하였으며, 구체적인 제도의 모습과 특징에 대해 살펴보고, 그중 몇 가지 주제에 대해 토론해 보고자 합니다. 이를 통해 그리스의 민주정치를 올바로 평가하는 한편, 오늘날에도 적용될 수 있는지에 대해서도 생각을 넓혀 가는 계기가 되었으면 합니다.

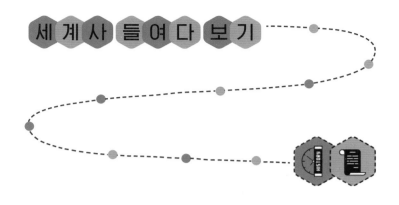
세 계 사 들 여 다 보 기

아테네인들이 소수의 지배가 아닌 다수에 의한 지배가 더 좋다는 민주주의 체제를 만들기까지는 그들만의 역사적 과정이 있었습니다. 이제부터 그 역사적 과정을 살펴보기로 합시다.

기원전 8세기 그리스에서는 토지 사유화의 경향이 뚜렷해지고 대토지 소유자인 귀족이 군사적, 정치적 권

▲ 파르테논 신전의 동쪽 프리즈의 일부. 아르콘 관직을 가진 사람이 아이로부터 접힌 천을 받고 있다.
ⓒ wikipedia

력을 장악함으로써 미케네 시대[2]의 왕정이 무너지고 왕권이 쇠퇴하였습니다. 아테네에서 귀족의 지배권이 확립된 것은 기원전 683년부터 임기 1년의 아르콘[3] 9명이 정권을 잡은 이후였습

BC 2000년경부터 BC 1100년경 사이에 펠로폰네소스반도 동부의 미케네에서 강력한 왕국이 나타나 문명의 중심을 이루었던 시기를 말한다.

고대 그리스의 폴리스에서 귀족정 시기 최고 관리(단)로, 집정관(執政官)이라 번역된다.

니다.

이후 기원전 6세기경 아테네는 지리적 이점을 살려 내륙과 해상 무역에서 성공을 거두면서 빠른 경제 성장을 이루었습니다. 그 결과, 지주와 무역상에게 부가 축적되었고, 빈민과 소작농의 가난은 지속됨으로써 경제적 양극화가 더욱 심해지는 가운데 노예 신분으로 전락해 버리는 등 사회적 문제가 깊어져 갔죠. 즉, 아테네 사회의 경제 성장과 더불어 부의 분배와 사회의 균형적 발전이라는 개혁의 필요성을 느끼고 있었던 것입니다. 오늘날의 현실과 비슷하다고나 할까요.

다른 한편으로 경제 성장과 부의 축적에 따른 경제력을 기반으로 평민 무역상과 소농은 사회경제적으로 급성장하게 되었습니다. 그들은 자신에 대한 세금과 방위 역할이 커지면서 귀족 정치에 대한 불만과 함께 정치 참여에 대한 권리를 주장하는 목소리를 높여 갔죠.

경제 성장, 사회경제적 양극화와 불평등의 심화, 새로운 시민세력의 정치적 부상이라는 배경 속에서 솔론, 페이시스트라토스, 클레이스테네스, 페리클레스와 같은 지도자들이 평민층의 정치적, 경제적, 사회적 권리를 보장하는 민주개혁을 단행하였습니다.

기원전 594년에 아르콘으로 선출된 솔론은 두 가지 개혁을 단행했습니다. 하나는 '부채 또는 그 빚 탕감'과 '채무 노예 해방과 금지' 조치였으며, 다른 하나는 부자 독점의 정치제도를

▲ 페이시스트라토스(BC 600년경~BC 527년)　　　　▲ 솔론(BC 640년경~BC 560년경)　　　　▲ 클레이스테네스(BC 570년경~BC 508년경)

© M. A. Barth

토지 재산 수준에 따라 시민들이 적절히 의사결정과정에 참여할 수 있는 제도로 전환시켜 주었지요. 즉, 고리대로 인해 평민층이 귀족의 노예로 전락하는 것을 막음으로써 다수 시민의 사회경제적 무게를 덜어 주었고, 평민층에게 민회에 참여할 권리와 더불어 법정에서 배심원단이 될 권리를 부여함으로써 아테네 민주주의의 서막을 열었습니다. 하지만 여전히 공직은 귀족층에게만 한정되었으며, 평민층은 부여된 권리를 행사하는 데 어려움이 컸답니다.

기원전 561년에는 페이시스트라토스에 의한 참주정[4]이 들어섰습니다. 그는 새로운 부유층과 가난한 사람들의 지지를 바탕으로 정권을 잡은 후, 솔론 이후에도 여전히 강력한 권한을 보유하고 있던 귀족층에 맞서 평민들의 경제적 안정을 다지는 정책을 펼쳤습니다. 그는 평민층의 요구를 수용하여 공공 대

고대 그리스의 여러 폴리스에서, 비합법적 수단으로 지배자가 된 사람을 참주라고 하며, 그에 의한 정치 체제를 참주정이라고 한다.

부를 통해 아테네 농민에게 직접적인 재정 지원을 하는 조치를 단행하였습니다. 또 도로 개량 공사나 거대한 제우스 신전의 건립 등과 같은 건설 사업을 통해 도시의 직인과 노동자를 위한 일자리를 창출하고 피레우스 항[5]을 거점으로 해상 교통의 발전을 도모하기도 하였습니다.

기원전 508년에는 솔론계의 평민파였던 클레이스테네스가 집권하여 민주주의의 기초를 튼튼히 하였습니다. 그는 참주 정치를 지탱해 온 정치적 특권세력의 힘을 약화시키고, 모든 시민에게 평등한 정치적 권리를 부여하는 파격적인 개혁을 시행했습니다. 먼저, 혈연과 지연 사회로 운영되던 4개의 행정구역을 지역 중심의 10개 행정구로 개편하고, 각 구에서 50명의 대표를 추첨으로 뽑아 500인 평의회를 구성하였습니다.

이 조치로 귀족의 세력은 약화되었고, 당시 가장 영향력 있는 정치가 중 한 사람이었던 이사고라스는 아르콘으로서 스파르타를 끌어들여 클레이스테네스를 몰아내려 하였죠. 하지만 아테네인들은 클레이스테네스 편에 서서 외세를 끌어들인 반민주세력의 쿠데타를 결국 막아 냅니다. 클레이스테네스는 명문 가문의 정치 기반을 파괴하고 새로운 참주가 등장하는 것을 사전에 막기 위해 도편추방제[6]를 시행하였습니다.

클레이스테네스가 세운 민주주의의 토대 위에서 페리클레스는 아테네 민주주의의 전성기를 구축하게 됩니다. 기원전 461년 그가 행한 민주적 개혁 조치의 핵심은 공직을 수행하는

기원전 5세기 초반에 고대 아테네의 무역을 전담하는 항구 도시로 자리 잡으며 큰 발전을 이루었다.

고대 도시 아테네에서 독재자를 방지하기 위한 제도로, 국가에 해를 끼칠 가능성이 있는 사람의 이름을 조개껍데기나 도자기 파편에 적어 총 6천 표가 넘으면 국외로 10년간 추방하던 제도이다. 나중에는 정치적으로 이념을 달리하는 정적을 제거하는 목적으로 변질되어 소멸하였다.

사람(배심원, 500인 평의회 의원, 기타 추첨에 의해 임명된 공직자 등)에게 국가 수입으로 공무 수당을 지급한 것입니다. 그동안 공직자에게 보수를 주지 않아 경제적으로 여유가 없는 평민층의 정치 참여가 어려웠기 때문이죠. 비록 하루 일당에 불과한 수당이었지만 이로써 아테네인들에게 국가의 주인으로서 정치적 활동에 더욱 적극적으로 참여할 수 있는 기회와 계기가 주어졌고 완벽한 표현의 자유가 보장되었습니다.

지금까지 솔론에서 페리클레스에 이르는 과정을 민주정의 지속적인 발전이라는 관점에서 살펴보았습니다. 이 과정에서 민주주의의 핵심적 기능을 담당했던 대표적인 통치 기구로 민회, 평의회, 민중법원이라는 민주적 기관이 있었고, 그 밑에 아르콘을 비롯한 공무원을 두었습니다. 이들의 특징에 대해 살펴봅시다.

■ 민회

일종의 총회로서 아테네의 최고 의결 기구이다. 아테네의 남자 시민들은 20세가 되면 이 총회에 참가할 자격을 부여받았다. 500인 평의회를 통해 올라온 안건들에 대해 대체로 거수투표에 의한 다수결로 의결한다. 외교 문제, 재정, 선전 포고와 군사 작전 등 국가의 중대사와 관련된 문제를 의결하며, 장군의 선발, 심지어는 국가의 안위와 관련된 범죄에 대한 재판까지 하는 기구이다. 기원전 4세기 연간 40여 일의 민회(연 평균 9~10일마다 1회꼴)가 열렸다. 시민권 수여, 도편추방과 같은 주요한 안건을 다루는 민회는 6,000명의 참석자 정족수 규정을 두었다.

### ■ 500인 평의회

일종의 시민 대표 협의체로 민회를 지도하는 역할을 했다. 클레이스테네스의 행정구역 개혁으로 정착된 10개 부족에서 30세 이상인 남자 시민 대표 50여 명씩을 1년 임기로 매년 추첨에 의해 선출하였고 수당을 지급하였다.

그러나 같은 사람이 두 번 이상 평의회 의원으로 선출될 수는 없었다. 이렇게 해서 도합 500명의 평의회 의원이 뽑히게 되는데, 500인 전부가 상시적으로 근무할 필요는 없었고, 1년을 10으로 나눈 각 분기 동안 한 부족의 의원 50명이 평의회의 실무위원회를 구성하여 평균 35일씩 번갈아 가면서 운영을 맡았다. 그들 가운데서 매일 한 사람의 대표를 추첨에 의해 의장으로 선발하였는데, 그날 열리는 평의회나 민회의 의장이 되는가 하면, 국세와 국고 및 국가 문서의 보관 업무에도 책임을 지게 하였다. 평의회는 그 자체에 어떤 의안 결정권을 갖고 있는 것이 아니라, 민회의 투표에 부칠 의제 또는 의안을 협의하고 민회의 소집권을 갖는 기구이다. 자체적으로 재판권을 행사하여 시민을 투옥하기도 하고 범법자를 일반 법원에 기소할 수도 있었으며, 함대와 병기창을 자신의 직접적인 통제하에 두었을 뿐만 아니라, 국가 재정, 공공재산의 관리 및 과세에 관한 통제 권한을 지니는 등 커다란 권한을 행사하는 기구였다. 현재 우리의 시스템에 비교한다면 의회와 행정부 내의 외교, 군사, 재정, 감사의 역할 등을 합친 것과 같다고 하겠다.

■ **민중법원**(시민법정)

10개 부족에서 매년 초에 자발적으로 등록한 시민 중 600명씩 추첨하여 6,000명의 배심원단이 선발된다. 배심원이 될 자격은 30세 이상의 남성 아테네 시민으로 제한하였다. 이들은 1년 동안 배심 재판소를 구성했다. 매일 여러 법정이 동시에 열렸고, 6,000명의 추첨자 중에서 당일 법정에 참여하고 싶은 시민들은 법정에 나가 다시 한번 추첨을 통해 그날 필요한 재판관이나 배심원으로 선출되었다. 배심원은 주로 민사소송의 경우 201명, 형사소송의 경우 501명으로 구성되었다. 재판에 참여한 사람은 각기 3오볼로스의 일당을 받았다.

법원은 집정관(행정관)들을 통제할 수 있는 수단을 지니고 있었다. 첫째, 법원은 어떤 후보자가 공직에 임용되기 전에 그를 심사할 권한을 갖고 있어, 그가 그 공직에 부적절한 후보자라고 여겨지는 경우 그를 결격으로 판결할 수 있었다. 둘째, 공직자는 그 임기가 끝나는 무렵에 그가 행했던 모든 조치에 대한 보고서를 법원에 작성, 제출해야 했다. 셋째, 법원은 모든 행정관이 임기가 끝난 후에 그들의 공금 운용 내역에 대해 심사 및 특별회계 감사를 할 수 있었다.

법 자체에 대해서도 통제권을 행사하였는데, 평의회나 민회가 내린 어떤 결정에 대해서도 그것이 법률에 위배된다고 기소하여 폐기시킬 수 있었다. 즉, 현재 헌법재판소와 비교할 수 있겠다.

# 고대 그리스의 민주주의는 민주적이었는가

고대 그리스에는 역사상 최초로 '자유'와 '평등'이 실현된 민주주의가 발달해 있었다. 페리클레스가 전몰용사의 국장 때 행한 다음 연설문에 아테네 민주정치의 모습이 잘 나타나 있다.

> "우리가 만든 새로운 정치 체제를 '민주정치'라 부릅니다. 그 이유는 정치를 소수가 책임지지 않고 다수가 골고루 책임지고 있기 때문입니다. 민주정치에서는 모든 사람이 법 앞에 평등하며 출신 계급보다는 개인의 능력에 따라 공직자가 될 수 있습니다. 국가에 기여할 수 있는 사람이라면 어느 누구도 가난 때문에 이름도 없이 헛되이 죽는 일은 없습니다. 우리는 자유롭게 공직에 종사하고 활기차게 일상생활에 힘씁니다."

이 연설문은 아테네가 민주주의 체제를 최초로 만들었다는 점, 법 앞에서의 시민 평등, 언론의 자유, 도시국가 시민이라면 누구나 평등하게 사회 운영에 공동으로 참여할 수 있다는 점등 민주적 사회 운영의 이상을 보여 준다.

하지만 고대 그리스의 철학자들은 대체로 민주주의에 반대하는 편이었다. 그중 플라톤은 고대 그리스의 민주정치에 대해 부정적인 생각을 가지고 있었다. 플라톤의 『국가』에 나오는 '배에 대한 비유'를 한번 보자.

"국가는 바다를 항해하는 배와 같다. 배가 항해를 무사히 마치고 항구에 도착하는 것이 배의 주인, 즉 국가의 주인인 국민의 바람이다. 이 배의 주인은 …… 항해에 대해서는 선원들보다 잘 알지 못한다. 이런 상황에서 선원들은 서로 배를 조종하겠다고 다툰다. 선원들은 배의 주인을 둘러싸고 자신에게 조종을 맡기라며 온갖 방법을 동원해 달콤한 말을 한다. …… 심할 때는 주인에게 술을 많이 먹이거나 최면제를 먹여 몸을 가누지 못하게 만들어, 배 안에 있는 음식과 재물을 마음대로 즐기면서 항해를 한다."

플라톤은 당시 아테네의 정치가 우매한 민중에 의해 잘못된 방향으로 이끌어지고 있다고 주장하였다. 그 당시 지식인층에서도 아테네의 민주정을 바라보는 시각이 다양했다. 당대의 평가와 더불어 오늘날의 시각으로 바라본 아테네 민주주의 또한 다양한 평가가 덧붙여진다. 이에 '고대 그리스의 민주주의는 민주적이었는가'라는 주제를 가지고 토론을 진행해 보자.

**사회자** — 안녕하세요. 오늘은 '고대 그리스의 민주주의는 민주적이었는가'에 대한 토론을 펼칠 예정입니다. 이에 대해 긍정적 입장이신 김긍정 님과 부정적 입장이신 이부정 님을 모시고 토론을 진행하겠습니다. 먼저, 두 분의 입장을 들어 보도록 하겠습니다.

**김긍정** — 네. 반갑습니다. 고대 아테네의 민주주의는 재산이나 출신을 가리지 않고 모든 시민에게 참정권을 부여하였다는 점에서 자유와 평등, 참여의 원리를 실현한 진정한 민주주의였다고 봅니다. 그 당시 언론의 자유는 오늘날의 기준으로 보더라도 매우 높은 정도로 보장되었고, 평등은 그 당시 민주정치의 핵심적 가치이자 이념으로, 정치에 대한 차별 없는 참여로서 구현되었습니다. 모든 시민이 추첨에 의해 돌아가며 공직에 충원되는 체제, 시민이 통치에 참가할 권리를 행사하는 체제를 만들어 가며 아테네인들이 민주주의 시민으로 함께 성장했다는 점에서 진정한 민주주의를 실현하였다고 볼 수 있습니다.

**이부정** — 저는 몇 가지 점에서 고대 아테네 민주주의의 한계점을 지적하고자 합니다. 전문성을 무시하고 누구에게나 동등한 참정권을 허용한 것, 참정권을 부여받은 시민권은 제한되어 있었던 점, 정치 체제를 유지하기 위한 경제적 기초를 노예제와 제국주의에 의존한 점, 군중 심리에 휩쓸린 잘못된 결정과 무능을 낳은 중우정치 등을 들 수 있습니다. 이러한 점으로 비추어 볼 때 아테네의 민주주의는 바람직하지 않았다고 평가할 수 있습니다.

**주제 1**

**그리스의 관직 선출 방식인 추첨제를 과연
민주적이라 볼 수 있는가**

**사회자** —— 첫 번째로 아테네의 관직 선출 방식인 추첨제에 대해 토론해 보겠습니다. 고대 아테네 민주주의의 가장 큰 특징은 민회를 제외한 입법배심원, 시민법정, 500인 평의회, 행정관 등 모든 민주주의 기관이 경쟁적인 선거가 아니라 추첨으로 선발된 시민에 의해 수행되었다는 점입니다. 그렇게 뽑힌 공무원의 임기는 보통 1년이었고 연임과 중임을 금지하였습니다. 결과적으로 아테네 시민은 누구든지 30세 이상이라면 일생 동안 적어도 한 번은 관직에 나아가기 때문에, 그들은 다스리고 또 다스림을 받는 것을 번갈아 하였습니다. 이와 같은 추첨제 방식이 민주주의의 기본 가치인 자유, 평등, 대표성 등을 구현하는 데 있어서 적절한 방식이라고 생각하십니까?

**이부정** —— 공직자를 시민의 의견이 아닌 추첨으로 뽑는다는 것은 상식 밖의 일입니다. 추첨은 사람의 능력과 상관없는 '운'에 의한 결과이기 때문에 대표를 운으로 뽑는다는 것은 대표 선택을 희화화할 수 있습니다. 오늘날은 시장과 같은 대표를 시민이 직접 뽑기 때문에 둘 사이에 신뢰와 기대가 있지만, 고대 아테네에서는 대표와 시민 간의 신뢰가 형성되기 어렵다고 봅니다. 그리고 추첨을 통해 획득된 평등은 재능과 노력에 따라 관직을 분배하는 것이 아니기 때문에 오늘날 평등의 원리와도 맞지 않습니다.

**김긍정** ─ 하지만 추첨에 의한 대표의 선출은 역사가 오래된 합리적 방법이며, 오랫동안 사용된 만큼 그 장점이 경험으로 검증된 방법이라고 할 수 있습니다. 우선, 평등의 개념에서 살펴보자면 아테네는 모든 시민에게 정치적 공직을 포함한 사회적 재화를 동등하게 배분해야 한다는 평등의 원칙을 실현하고자 하였습니다. 아테네 시민들은 공직을 공공재로 인식했기 때문에 관직을 원하는 사람은 누구든지 관직에 나아갈 수 있도록 한 것입니다. 이는 결과의 평등이 아닌 기회의 평등을 의미합니다. 오히려 아테네인들은 오늘날과 같은 선거제를 실시할 경우, 지식인층이나 귀족에게 유리하여 과두정치나 귀족정으로 흘러갈 소지가 있다고 판단하고, 추첨제가 가장 민주주의적인 선출 방법이라고 생각한 것입니다.

**이부정** ─ 자유의 개념에서도 추첨은 합당한 방법이 아니라고 봅니다. 공직은 말 그대로 사적인 영역이 아닙니다. 검증되지 않은 어떤 이가 모든 시민에게 영향을 끼칠 수 있는 관직에 오르게 된다면 그것은 자유가 아니라 방종이나 사치, 오만으로 흐를 소지가 있기 때문에 위험하다고 봅니다.

**김긍정** ─ 자유의 개념도 추첨제에 잘 반영되어 있다고 봅니다. 이유는 한 개인이 일생에 한 번 이상 정치적 의사결정의 주체가 됨으로써 진정한 자유인으로서의 경험과 훈련을 쌓기 때문입니다. 아테네 시민들은 통치와 복종을 번갈아 함으로써 시민으로서의 덕을 쌓아 가고 배우게 되는 것이죠. 아테네 시민들은 정치적 의사결정을 내릴 때 통치자의 입장과 피지배자의 입장 모두를 고려하면서 신중하게 의사결정을 할 수 있었습니다. 이와 같은 과정을 통해 아테네는 사회적으로 좋은 정부를 얻게 되었고 정의로운 의사결정이 나오는 데 긍정적인 영향을 끼쳤습니다.

**사회자** — 네, 토론의 열기가 점점 뜨거워지는 듯합니다. 추첨 방식을 두고 다음과 같은 지적이 있습니다. 첫 번째는 '추첨에 의해 무작위로 뽑힌 사람이 과연 인격적, 도덕적으로 믿을 수 있는 사람이었을까'이고, 두 번째는 '그 당시 공직자들이 전문성을 가지고 효율적으로 일할 수 있었을까'입니다. 이에 대한 각자의 생각을 말씀해 주시죠.

**이부정** — 오늘날 현대 민주주의에서는 선거 제도라는 검증 단계를 거치면서 그 사람의 인격 또는 능력을 검증하거나, 공무원 시험 제도를 두어서 공직을 희망하는 자의 전문성과 능력을 미리 테스트할 수 있지만 당시에는 그런 장치가 없었다는 점을 지적하고 싶습니다. 즉, 선거를 통하여 대중의 견해가 정제되고 확대되는 과정을 거치며, 그렇게 선출된 통치자들은 현명하고 뛰어난 자질을 가지고 있어 개인적인 이해관계에 얽매어 나라의 진정한 이익을 희생시키지 않습니다. 하지만 능력을 제대로 갖추지 못한 자, 즉 비전문가에 의해 정책이나 법안이 다루어지는 것은 효율적이지 못합니다. 운전면허증이 없는 자에게 운전을 맡기면 위험하듯이, 추첨에 의한 정치는 같은 위험을 초래할 수 있는 제도라고 봅니다.

**김긍정** — 이부정 님께서는 선거를 통한 선출제의 이상적인 면만 말씀하시는 것 같습니다. 즉, 피통치자보다 질적으로 뛰어난 대표의 존재를 전제하고 있지만, 오늘날 선거제로 선출된 공직자들을 보면 꼭 그렇다고 평가하기만은 어렵습니다. 역사적으로도 시민혁명 이후 공화정을 채택한 미국이나 프랑스 등에서 실시한 선거제에서는 시민들이 관직에 진출할 동일한 기회를 가지는 것이 아니었습니다. 시민이 가지고 있는 재화, 명예에 따라 기회가 달라지며, 그런 재산을 통해 권력이 배당되었기에 결과적으로 소수의 엘리트층이 지배하는 귀족주의적인 측면을 보였습니다. 그리고 오늘날 선거제는 모든 권력이 전체 인민으로부터 나온다는 것을 주기적으로 증명하는 것이지만, 과연 실질적으로 증명하기에 충분한 것인지도 의문이 듭니다. 오히려 선거가 다가오면 통치자들은 공익을 위하기보다는 자신의 재선을 위해 최선을 다하는 경향을 보이기도 하고, 오늘날 국회의원들의 만성적인 국회 태업부터 크게는 대통령의 국정농단까지 선거 민주주의의 폐단을 잘 보여 주고 있습니다. 고대 아테네에서는 공무에 필요한 전문성보다는 공무를 담당할 정도의 기본교양은 시민이라면 누구나 갖추고 있다고 보았습니다. 물론 공직 추첨제를 보완하기 위한 여러 가지 장치도 마련하였죠. 추첨이든 선거든 선정된 공직자 모두는 시민법정에서 검증 단계를 거치게 하였습니다. 마치 오늘날의 인사 청문회와 같은 자격 심사가 있었던 것이죠. 물론 오늘날의 인사 청문회처럼 전문적 지식이나 기능 또는 적성에 대한 것이 아니라 그 예비 공직자가 성격과 생활태도에서 훌륭한 시민인지 아닌지를 보았습니다. 예를 들어, 그가 양친을 훌륭히 모셨는가, 세금을 지불했는가, 군사훈련을 기피하지 않았는가에 관한 것이었습니다. 또 행정관들은 대부분 위계구조가 없는 한 팀으로서 작업했기에 무작위로 추첨된 개인 간의 편차는 심할 수 있지만 전체를 반영한 집합체로서 10명(이상)의 팀은 그런 편차를 보완하며 오히려 시너지를 냈을 것으로 예상됩니다. 이렇게 팀제를 선호한 의도는 특정 개인이 너무 높은 영향력을 획득하는 것을 막기 위함이었다고 봅니다. 그리고 임기가 끝나면 결산 보고서를 제출해야 했고, 업무 수행 결과의 사후감사를 거쳐야 면직될 수 있었기 때문에 오늘날의 공직 제도보다 더 엄격했다고도 볼 수 있습니다. 즉, 추첨을 통해 무능력한 사람이 운으로 선출될 수 있다는 우려를 감소시키는 장치로 생각할 수 있습니다.

**사회자** —— 마지막으로, 추첨제에 대해 한 가지씩 말씀하시고 다음 주제로 넘어가시죠.

**김긍정** —— 아테네의 관직 추첨제는 정치적 파벌의 생성을 최소화하는 데 기여한 제도라고 봅니다. 오늘날 대의민주주의에서 흔히 볼 수 있는 정파 갈등을 아테네에서는 찾아보기 힘들었습니다. 오늘날은 각 정당이 자신들의 정권을 유지 내지 연장시키기 위해 선거에서 승리하는 것을 지상 과제로 삼지만, 아테네에서는 추첨에 의해 그러한 의도가 처음부터 제지되었고 더욱이 매년 추첨과 더불어 공직이 교대되었기에 권력의 집중이 구조적으로 불가능하였으며, 제한된 임기는 장기적 이득을 얻으려는 의도와 행동 요인을 낮추었습니다. 즉, 추첨제를 통해 공직자들이 그 어떤 외부적인 요소에도 흔들림 없이 자신의 소신대로 의사결정을 할 수 있었으며 결과적으로 공동선을 위해서만 일할 수 있게 되었습니다.

**이부정** — 하지만 김긍정 님의 말씀은 현실과는 상당히 괴리가 있는 것 같습니다. 아테네 정치에서도 파벌 사이의 투쟁은 매우 강하였습니다. 이런 과정에서 도편추방제나 사형제도를 통해 정치적 적대자들을 물리적으로 제거하려는 시도들이 빈번히 발생하였습니다. 또 과두제적 파벌과 다른 과두제적 파벌 사이에 유혈 사태를 동반한 변동이 빈번히 일어났습니다. 아테네는 이러한 내부적 문제를 해결하기 위해서라도 제국주의적인 외부 팽창을 도모한 것이죠.

**김긍정** — 이부정 님의 말씀에 반론을 제기하지 않을 수 없네요. 역사적으로 파벌이 없었던 사회는 찾기 힘듭니다. 아무리 작은 사회도 부자와 빈자는 늘 있기 마련이어서 경제적 이해관계를 둘러싼 분쟁은 솔론 때부터 아테네 국내 정치의 가장 중요한 쟁점 사항이었습니다. 만약 추첨제가 아니었다면 계속 소수의 강자들이 권력을 쉽게 장악하는 사회가 되기 쉬웠을 텐데, 추첨제를 통하여 약자들에게도 권력을 분산시키는 효과를 가져왔습니다. 그 과정에서의 이해충돌은 필연적인 것이며, 이를 두고 파벌로 치부하는 것은 옳지 않다고 봅니다. 그리고 사회적 이해 갈등을 합리적으로 조정하고 해결하는 과정 그 자체가 정치이며, 아테네는 민주적인 절차를 통하여 이를 조정하고자 했다는 점에서 의미가 있습니다.

**사회자** — 아테네의 민주주의에서 항상 논란이 되는 점이 참정권의 참여 범위입니다. 참정권은 시민에게만 주어졌는데, 시민권은 20세 이상의 아테네 성인 남성만이 가지고 있었습니다. 당시 아테네 전체 인구 중 시민이 될 수 있는 사람은 대략 전체 인구의 8분의 1뿐이었죠. 즉, 노예와 외국인은 물론 여성들도 시민권이 배제되었고, 따라서 참정권도 누릴 수 없었습니다. 이 부분에서 고대 그리스의 민주정이 정말로 민주정이었는가 하는 의문이 제기됩니다. 이 부분에 대해서 토론을 시작하겠습니다.

**김긍정** — 폴리스는 시민공동체였기에 시민에게만 참정권이 부여되었던 것은 고대 그리스인들에게는 너무나 당연하였습니다. 아테네가 노예와 여성, 거류 외국인의 참정권을 배제한 부분은 아테네 민주정치의 본질과는 상관이 없습니다. 시민혁명 시기 미국 공화정에서도 재산이 있는 소수 백인 남자들에게만 참정권을 허용했을 뿐, 여성, 원주민, 흑인에게는 참정권이 주어지지 않았습니다. 프랑스 제헌의회에서도 비슷한 상황이었습니다. 역사적으로 전근대의 어느 사회이건 법률적으로 외국인과 노예들에게 참정권을 부여한 사례가 없고, 여성의 참정권도 20세기 중반에 이르러서야 허용되었습니다. 즉, 아테네가 그들에게 참정권을 허용하지 않은 것은 인간이 근본적으로 불평등하다는 믿음에서 기인한 것이라기보다는 그 시기의 기술적, 경제적 제약 때문인 것으로 판단됩니다. 고대 도시국가에서 참정권을 가진 시민의 자격 기준이 되는 것은 재산이나 혈통이었는데 아테네는 그 기준을 낮추어 사실상 모든 시민에게 참정권을 부여하였다는 것이 아테네 정치체계의 주요 특징이었습니다. 즉, 아테네야말로 그 시대 기준에 비추어 봤을 때 이례적으로 많은, 그리고 넓은 범위의 시민에게 참정권을 부여하였습니다.

**이부정** — 하지만 아테네 민주주의가 노예, 여성, 미귀화 이주민의 참정권을 배제한 것은 여전히 근본적 한계가 존재하기에 오늘날과 같은 민주주의라고 보기는 어렵습니다. 기원전 4세기경 아테네의 인구는 약 10만 명 정도였습니다. 그중 정치에 참여하는 시민 계층의 수는 2만 명 정도였죠. 나머지 80%는 정치에서 배제된 상태였습니다. 특히 그리스 사회에서 여성의 지위는 결코 민주적이지 못했습니다. 아테네 여성은 아무런 힘도 권력도 없었습니다. 여성은 정치, 군대, 전쟁, 사법재판소, 올림픽 체전과 같은 체육 경기, 또 농업과 무역으로부터 철저하게 소외당했던 미미한 존재였습니다. 여성들은 고등교육을 전혀 받지 못했고, 남성들은 여성의 지적 능력을 낮게 평가했습니다. 그들을 제외한 오직 남성들에게만 참정권을 주었다는 것은 인간의 존엄성과 자유와 평등을 내포하고 있는 오늘날 민주주의의 관점에서 볼 때 오직 남성 중심의 지배 체제로 여겨집니다.

**김긍정** — 그럼에도 고대 아테네의 직접민주주의가 가치 있는 이유는 그 시절 이집트에서는 파라오라는 한 인간을 마치 모든 걸 창조하는 신으로 받들어 모시고, 메소포타미아 지방에서는 강력한 왕의 말이 곧 법이었는데, 아테네에서는 한 사람의 의견이 전부가 아니었으며 여러 사람의 논의를 거치는 데 있어서 이전까지와는 다른 정치적인 형태의 변화를 보였기 때문입니다. 그리고 현대 민주주의도 20세기가 넘어서야 여성에게 참정권이 부여되었고, 미귀화 이주민의 참정권은 아직도 불완전한 상태입니다. 아테네 민주주의의 발전과 함께 자유롭고 개방적인 경제·문화 공동체를 지향함으로써, 미귀화 이주민들에게도 개성의 발휘를 보장하였고, 그 결과 아테네 이주민의 인구는 원주민의 1/4~1/3에 달할 정도로 늘어났습니다. 물론 이들에게 참정권은 주어지지 않았지만 그 외의 모든 경제적·사회적·문화적 권리는 시민들과 동등하게 보장받았습니다. 일부는 부동산과 광산을 조차하며[7] 큰 부를 추구할 수도 있었습니다. 여성들은 토지 상속권이 배제되었지만, 나머지 사회생활에서는 남성과 동등한 시민으로 대우받았습니다.

삯을 물기로 하고 집이나 땅을 빌리는 것을 말한다.

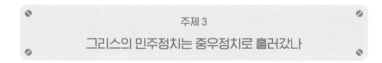

주제 3
그리스의 민주정치는 중우정치로 흘러갔나

**사회자** — 아테네의 민주정치는 페리클레스 시절 가장 전성기를 구가했지만 그가 죽고 나서는 어리석고 게으른 군중이 지배하는 중우정치[8]로 흘러가면서 정치적 퇴보의 길을 걸었다는 평가가 있습니다. 이에

선동과 군중심리로 다수가 비합리적인 판단을 내릴 수 있는 민주주의의 단점을 부각한 말이다.

대한 생각은 어떠신지요?

**이부정** — 네, 맞습니다. 페리클레스가 죽고 난 후에 등장한 클레온, 히페르볼로스 등 민중 지도자 중에는 많은 노예를 거느리고 공장을 경영하는 자들이 많았는데, 그들은 공업상의 이익을 위해 수출 진흥을 원했고 이것이 극단적인 호전주의 내지 영토확장주의와 어느 정도 연결되었습니다. 그래서 이들은 전쟁의 승리로 인한 토지, 노예 및 기타 전리품을 바라는 시민들을 선동하였고 민중의 지지를 받았죠. 즉, 당시 민중은 중우이고, 그 결과 민주정은 중우정으로 타락하게 된 것입니다.

**김긍정** — 아테네인들이 그들의 선동에 이끌리거나 군중심리에 휩쓸려 잘못된 판단을 내리는 사례는 흔치 않았습니다. 더욱이 민중을 잘못 인도한 지도자들에게는 결코 관대하지 않았죠. 대중을 이끄는 지도자의 경우 민회에서 행한 정치적 발언의 잘못된 결과에 대해서는 책임을 져야 했습니다. 그 책임의 최종적인 심판자는 배심법정과 민회였습니다. 선동정치가는 대부분 가혹한 처벌을 받았습니다.

**이부정** — 페리클레스가 시행한 공무 수당제는 아테네 시민을 타락시키는 요인이 되었습니다. 가난한 시민의 정치 참여를 수월하게 하기 위해 취한 조치였지만, 이로 인해 아테네 정부와 사회가 부패되었다고 볼 수 있습니다. 한 예로 배심원들에게 정무 수당을 지급함으로써 배심원 제도의 질이 저하되었고 유리한 판결을 가져오기 위해 배심원에게 뇌물을 주는 관행이 발생하였습니다.

김긍정 — 비록 일부 가난한 시민이나 게으르고 무책임한 사람들에 의해 이 제도가 악용될 수도 있었을 것임을 인정한다 하더라도, 아테네인들이 그렇게 쉽게 이 제도에 혹했을 것이라고 단정 지을 수는 없습니다. 왜냐하면 그 수당이 많은 액수가 아니었고, 배심원 복무에 대한 수당은 겨우 최저 생활 임금 정도였기 때문입니다. 오히려 이 제도가 어떤 아테네 시민이건 가난 때문에 공적 생활에서의 역할로부터 배제되어서는 안 된다는 그들의 민주주의적 이상을 실현하기 위해 고안되었다는 것에 의의를 두어야 한다고 봅니다.

---

주제 4
### 아테네의 민주주의는 제국주의에 근거해 발전하였는가

---

사회자 — 마지막으로 토론할 부분은 바로 아테네 민주주의의 성공이 제국으로의 팽창 과정과 밀접하게 연결되어 있다는 지적입니다. 즉, 아테네 제국이 가져다준 경제적 혜택이 민주정치를 운영하는 데 필요한 자금을 제공하였기 때문이라는 것입니다. 이에 대한 의견을 제시해 주시기 바랍니다.

이부정 — 아테네 민주주의의 절정기 시기에 가난한 계층에 속하는 시민들은 국가가 주는 수당을 받으며 수병으로 활동하면서 정치에도 참여할 수 있게 되었는데, 여기에 들어가는 막대한 비용을 아테네는 해외 팽창으로 충당하였습니다. 다시 말해, 페르시아 전쟁의 승리를 계기로 여러 도시국가로 이루어진 델로스 동맹의 맹주로 추대되어 동맹국들로부터 매년 공납금을 납부받았는데, 아테네는 이 기금을 자국의 해군에게 수당으로 지급했던 것입니다. 즉, 아테네가 제국 시절 그 휘하에 종속된 동맹의 성원국들로부터 거두어들인 공세와 여타 세입이 어느 정도 민주정치의 운영에 필요한 자금으로 충당되었다고 봅니다.

**김긍정** ── 아테네 민주정치의 재원이 전적으로 제국 시절 동맹국들로부터 거둬들인 공납금에 의존한 것은 아닙니다. 단적으로 아테네가 펠로폰네소스 전쟁 패배 이후 제국을 상실한 뒤에도 민주정치가 건재하였고, 오히려 기원전 4세기 중에 수당이 꾸준히 인상되거나, 새로 도입된 적도 있었습니다. 제국 지배가 빈민들의 정치 참여를 강화시켰음은 분명하지만, 민주정의 존립 자체가 제국 지배 덕분에 가능했던 것은 아닙니다. 민주정치는 기본적으로 솔론 이래 그것을 향한 아테네의 오랜 개혁적 전통과 아테네인들의 정책적 선택의 결과로 발달한 것입니다. 제국과 민주정치는 함께 발달한 것이지만 불가분의 연관을 가졌거나 필수적인 조건은 아니었습니다. 즉, 솔론 이래부터 진행된 민주주의 개혁의 시작이 기원전 6세기 말 민주주의의 확립으로 이어져 기원전 5세기 중반 아테네가 델로스 동맹의 맹주 자리에 앉게 하였고 결과적으로 해상제국의 길을 열어 주었습니다. 이런 의미에서 제국은 민주주의의 전제라기보다 결과로 보는 것이 타당하다고 봅니다.

**이부정** ── 하지만 델로스 동맹에 참여한 힘이 약한 동맹국들에 대해 아테네는 대단히 오만하고 주인 같이 행세하였습니다. 자신의 전함을 소유하지 못한 대부분의 동맹국은 아테네가 주도해서 내린 동맹의 결정 사항에 불만이 있는 경우에도 마지못해 따라야만 했습니다. 이에 반발하는 동맹국에게 아테네는 매우 거칠게 응징했습니다. 민주주의의 전성기라고 일컬어지는 페리클레스 시대와 펠로폰네소스 전쟁 시기에 권력에 대한 지나친 욕구와 동맹국에 대한 강압적인 태도는 당대의 지성인에게만 국한된 현상이 아니라, 아테네인들에게 널리 퍼져 있었던 신념이었습니다. 강자가 지배하는 것은 정당한 것이고 자연적인 것이라는 생각이 시민들 사이에 널리 퍼져 있었음을 당시의 사료나 기록을 통해 알 수 있습니다.

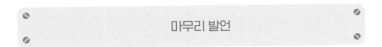

## 마무리 발언

**사회자** — 아쉽게도 시간이 다 되었습니다. 오늘 두 분께서 고대 그리스의 민주주의에 대해 심도 있게 토론해 주셔서 감사드립니다. 이제 각자 오늘 토론에서 느낀 점에 대해 마무리 발언을 한마디씩만 해 주시기 바랍니다.

**김긍정** — 이번 토론을 통하여 현대와 고대의 민주주의에는 큰 차이가 있음을 알게 되었습니다. 또 그리스의 민주주의에도 문제점이 있었음을 이부정 님의 말씀을 통해 배우게 되었습니다. 자유와 평등을 추구했던 고대 그리스의 민주주의 체제에서도 여성의 열악한 지위, 노예제, 제국주의가 나타났듯이, 오늘날 민주주의에서는 어떤 문제점이 있는가를 생각해 보는 시간이었습니다.

이부정 — 저 또한 이번 토론이 매우 유익했습니다. 아리스토텔레스가 왜 인간이 정치적 동물이라고 말했는지를 생각해 보게 되었습니다. 비록 많은 제도적인 결함에도 불구하고, 모든 시민이 각자 정치에 직접 참여하는 것을 당연시함으로써 자유로운 시민으로 구성된 공동체 국가를 유지하고 구성했던 아테네 민주주의의 위대함을 느꼈습니다.

사회자 — 이것으로 '고대 그리스의 민주주의는 민주적이었는가'에 관한 토론을 마치도록 하겠습니다. 끝까지 지켜봐 주신 모든 분께 감사드리며 또 열심히 토론에 임해 주신 두 분께도 고마운 마음을 전합니다. 감사합니다.

# 민주주의의 모습

　민주주의는 고대 아테네란 도시국가에서 시작된 독특한 생활양식이었지만, 이제는 전 세계에서 거스를 수 없는 보편적인 흐름이 되었습니다. 오늘날 민주주의는 정치 체제일 뿐만 아니라, 인간의 존엄성에 바탕을 둔 하나의 생활양식으로서 뿌리를 내리게 되었고, 앞으로도 인류가 지켜 나가야 할 소중한 자산입니다.

　아테네의 민주정치하에서 참여, 심의, 토론, 결정, 집행은 삶의 방식이자 목표였으며, 이러한 역할을 하는 시민에게 정치적 자질은 선택이 아닌 필수였습니다. 아고라에서, 체육관에서, 극장에서, 심포지엄에서 사람들은 서로 간의 생각과 정보를 공유하였습니다. 그리하여 누가 배심원이 되든, 누가 정무관이 되고 협의회 위원이 되든 문제가 되지 않았습니다.

　어느 시대든 그 시대의 고유한 문화와 특징을 지니고 있습니다. 아테네인이 고안하고 창안한 민주적 정치 질서에 대한 의미, 아테네의 민주주의 제도가 지니는 한계적 특징에도 불구하고 모든 평등하고 자유로운 시민들이 정치적 공동체에 참여하도록 법과 제도를 만들고 실천에 옮겼다는 점이 그 의의라고 할 수 있습니다. 우리도 오늘날 민주주의 체제를 운영하는 과정에서 보이고 있는 문제들을 진단하고 해결책을 모색하고자 할 때, 아테네인이 200년 동안 인민의 정치적 능력과 더불어 계속 변화, 발전하는 민주주의 실험을 하면서 남긴 여러 가지 시행착오를 거울삼아 지혜를 구하면 좋을 것입니다. 이를 통해 진정한 민주주의의 모습에 대한 방향 정립을 해 나가길 기대해 봅니다.

마무리
하기

## 고대 그리스의 민주주의는 민주적이었는가

1. 다음 고대 그리스 민주주의에 대한 토론 내용을 보고, 각 주장에 관한 근거를 정리해 적어 보세요.

| 고대 그리스의 민주주의는 민주적이었는가? | | |
|---|---|---|
| 그리스의 관직 선출 방식인 추첨제를 과연 민주적이라 볼 수 있는가? | 자유와 평등의 원칙을 실현했다는 점에서 민주적이다.<br>근거 : | 오늘날의 자유와 평등의 원리와는 맞지 않는다는 점에서 부정적이다.<br>근거 : |
| 노예, 여성, 거류 외국인을 제외한 그리스의 민주주의를 과연 민주주의라 할 수 있는가? | 아테네가 노예와 여성, 거류 외국인의 참정권을 배제한 것은 아테네 민주정치의 본질과는 상관이 없다.<br>근거 : | 아테네 민주주의가 노예, 여성, 거류 외국인의 참정권을 배제한 것은 여전히 근본적 한계가 존재하기에 오늘날과 같은 민주주의라고 보기 어렵다.<br>근거 : |
| 그리스의 민주정치는 중우정치로 흘러갔나? | 아테네의 민주정은 중우정치로 흐르지 않았다.<br>근거 : | 아테네의 민주정은 중우정으로 타락하였다.<br>근거 : |
| 아테네의 민주주의는 제국주의에 근거해 발전하였는가? | 아테네 민주정치는 제국주의와 직접적인 상관관계가 없다.<br>근거 : | 아테네의 민주주의는 제국주의에 근거해 발전하였다.<br>근거 : |

2. 고대 그리스 민주주의에 관한 본인의 생각을 적어 보세요.

▲ **필립 폰 폴츠**(1805~1877년), **「페리클레스의 추도 연설」, 1852년.** 펠로폰네소스 전쟁 희생자들의 장례식에서 연설하는 페리클 레스의 모습이다. 페리클레스는 탁월한 연설과 리더십으로 아테네 수호의 필요성을 설득시켰다.

· 쟁점 2 ·

# 로마제국

— 로마제국은 역사상 가장 위대한 국가였는가

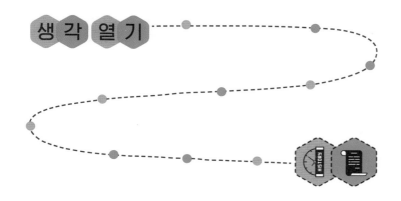

역사상 존재했던 가장 위대한 나라를 꼽으라 할 때 가장 먼저 떠오르는 나라는 아마도 로마제국이 아닐까 합니다.

'위대하다'는 말에는 단지 '강하다', '크다'의 뜻만 있는 게 아니라 '뛰어나고 훌륭하다'라는 뜻이 담겨 있기 때문입니다. 사람들이 위대한 나라로 로마제국을 쉽게 떠올리는 이유는 당시 왕이 다스리던 대부분의 국가 사이에서 '공화정'[1]을 시행했고, 문화적으로도 수도, 공중 목욕탕, 도로, 원형 경기장 등 시대를 앞서가는 문명을 남겼기 때문입니다.

▲ 로마제국의 도로

© wikipedia

하지만 로마제국의 위대함에 대한 사람들의 의견은 다양합니다. 당시 대부분의 나라가 왕정을 하던 시대에 로마제국이 공화정을 실시한 것은 대단하긴 하지만 그리스의 민주주의에

왕과 왕의 세습에 의해 통치되지 않고 공공의 국민이 평등하게 정치에 참여하여 대표를 뽑아 나라를 다스리는 정치 체제

비해 더 뛰어난 정치 체제였다고 볼 수 없다는 주장도 있고, 또 문화적으로 로마제국보다 더 뛰어난 문명을 남긴 나라들도 많다는 주장입니다.

로마제국의 멸망에 대해서도 서로 다른 주장들이 많습니다. 단지 공중 목욕탕, 빵과 서커스 등 향락 문화와 같은 몇 가지 이유 때문에 로마제국이 멸망했다는 주장이 있는가 하면 역사상 모든 나라가 번성했다가 멸망하는 과정을 거친 것처럼 로마제국 역시 번성과 쇠퇴의 과정에 이르러 멸망한 것이지 단지 몇 가지 이유 때문에 멸망했다고 볼 수 없다는 주장도 있습니다. 특히 이런 주장을 하는 사람들은 로마제국의 역사가 무려 2천 년이나 이어진 역사상 최고의 장수 국가임을 강조하기도 합니다.

그럼에도 로마제국은 역사상 가장 흥미로운 국가 중 하나임이 분명하기에 로마제국이 왜 멸망했는지에 대해서 그 원인을 살펴보는 것은 매우 중요한 문제라 할 수 있을 것입니다.

이제, 역사상 가장 위대한 나라라 일컬어지는 로마제국이 정말 위대한 국가였는지, 또 왜 멸망했는지 그 이유를 알아보기 위한 여행을 떠나 볼까요.

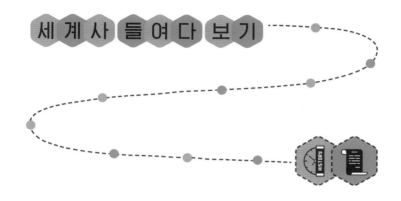

로마제국은 기원전 6세기경 이탈리아반도의 중부에 있는
테베레강 근처에 세워진 작은 도시국가로 시작되었습니다. 이
후 약 500년 동안 로마는 이탈리아를 통일하고 지중해의 패권
을 차지하면서 힘을 떨치기 시작했는데 당시 로마제국이 차지
한 영토를 보면 이 나라가 얼마나 대단한 제국이었는지 짐작할
수 있습니다.

로마제국이 인기 있는 이유는 단지 넓은 영토를 차지했기
때문만은 아닙니다. 로마제국은 시대를 앞서가는 정치제도, 문
화 등을 만들어 냈을 뿐 아니라 이 시기에 카이사르, 네로 등 다
양한 캐릭터의 인물들이 나타나 흥미로운 이야깃거리를 남기
기도 했습니다. 격언처럼 사용되고 있는 다음의 말들도 로마제
국의 인기에 부합하여 탄생했습니다.

"모든 길은 로마로 통한다."

"로마에 오면 로마법을 따르라."

"로마는 하루아침에 이루어지지 않았다."

"모든 길은 로마로 통한다."라는 말처럼 로마제국은 정복하는 곳마다 그곳으로 가는 길을 만들었습니다. 이 길 덕분에 로마 군대의 이동이 수월했고, 로마 황제의 명령은 아무리 먼 곳이라도 2주일이면 전달될 수 있었다고 합니다. 자동차도 없던 시대에 대단한 일이 아닐 수 없습니다. 이 때문에 역사가들 중에는 로마제국이 2천 년이나 이어질 수 있었던 가장 큰 이유로 로마의 도로를 꼽는 사람도 있습니다. 현대 도로의 기원이 바로 이 로마의 도로에서 나왔다고 보는 사람도 있을 정도입니다.

한편, 로마제국이 만들어 낸 독특하고 흥미로운 문화가 바로 '빵'과 '서커스'입니다. 마치 오늘날 공산국가에서 식량을 배급해 주는 것처럼 국가에서 한 달에 30kg짜리 밀을 무료로 주었고, 또 공짜로 서커스를 즐길 수 있는 입장권을 나눠 주었습니다. 물론 이런 혜택은 모두에게 부여된 것은 아니며 로마 시민권을 가진 사람 중 신청자에 한해서 주어졌습니다. 그러니 로마 시민만 되면 일하지 않고도 먹고 즐기며 생활할 수 있었던 것입니다. 혹자는 이것 때문에 로마가 향락에 빠져 망했다고 말하기도 합니다.

이러한 문화 덕분에 로마제국에서는 향락 문화가 발달하였

▲ 위베르 로베르(1733~1808년), 〈로마 시대 목욕장〉, 1796년. 로마 시대의 공공 목욕탕을 상상하여 복원한 그림으로, 아치와 질 좋은 대리석 기둥이 웅장하다.

는데 그 대표적인 것이 공중 목욕탕과 콜로세움입니다.

　로마의 공중 목욕탕 문화는 역사적으로도 유명합니다. 오늘날에도 한꺼번에 1,000명 이상 들어가는 목욕탕은 흔치 않은데 고대 로마에는 1,600명이 동시에 들어가 목욕할 수 있을 정도의 큰 목욕탕이 11개나 있었을 정도로 목욕 문화가 성행했습니다. 더 놀라운 것은 이런 공중 목욕탕을 기원전 2세기부터 짓기 시작했다는 사실입니다.

　또 로마는 콜로세움이라는 커다란 원형 경기장을 지어 그곳에 군중을 모아 각종 오락 경기를 즐기는 문화를 만들었습니다. 영화 「글래디에이터」처럼 검투 경기가 벌어지기도 했고

▲ 군중을 모아 오락 경기를 즐기던 콜로세움

「벤허」처럼 마차 경주가 열리기도 했습니다. 심지어 맹수들을 풀어놓고 사냥하는 경기를 펼치기도 했다고 하니 상상을 초월합니다.

로마의 문화가 대단하다 느껴지는 또 하나의 사실은 도시에 수도시설을 갖추었을 뿐만 아니라 원하는 집에는 오늘날의 가정처럼 수도가 들어오는 시설을 만들었다는 점입니다. 이를 위한 수도시설 공사를 대대적으로 하였다 하니 입이 다물어지지 않습니다.

이 외에도 로마제국이 만들어 낸 선진문화는 한두 가지가 아닙니다. 오늘날 법률의 기본이 되는 시민법을 만들어 냈는가 하면 전 세계에 전파되어 있는 기독교를 정립한 것도 로마제국 시대에 일어난 일입니다.

이러한 업적을 쌓은 로마제국은 과연 위대한 나라라 불릴 만한 것일까요, 아니면 과대 포장된 측면도 있는 것일까요? 또 이처럼 선진문명을 만들어 낸 로마제국은 도대체 무엇 때문에 멸망하게 된 것일까요? 이에 대한 궁금증을 풀기 위한 설전을 기대해 봅시다.

▲ 로마의 상하수도시설

# 로마제국은 역사상 가장 위대한 국가였는가

사람들은 역사상 가장 위대한 제국으로 로마제국을 떠올린다. 제국이란 '강대국의 간섭을 받지 않는 주체적인 황제가 다스리는 나라'라는 뜻으로 여러 민족을 지배하는 국가를 뜻하기도 한다. 로마제국의 위대성 가운데 하나로 주목받는 것이 오랜 통치기간이다. 로마제국이 다른 제국과 달리 가장 오랜 기간 제국을 유지하는 데 성공한 까닭은 다른 민족을 강압적으로 통치하지 않고 그들의 문화와 종교, 자치권을 인정하는 유화적 정책을 펼쳤기 때문이라 보기도 한다.

로마제국이 이런 통치방법을 쓸 수 있었던 데에는 오늘날 민주주의의 효시라 할 수 있는 공화정과 시민권 제도를 실시할 만큼 열린 생각이 한몫했을 가능성이 높다. 수도시설, 목욕탕 문화, 도로 등의 선진문화 역시 로마의 앞서가는 정신이 기초가 되었을 것이다.

사람들은 이러한 로마의 선진성 때문에 로마제국을 위대한 국가라 일컫는다. 하지만 로마는 또한 타락의 대명사로 불릴 만큼 타락한 문화도 많이 가지고 있었다. 그래서 로마제국 앞에 '위대한'이라는 수식어를 붙이는 것은 무리가 있다고 지적하는 사람들도 많다. 과연 로마제국은 위대한 국가였을까, 아니면 그저 부강했던 여러 제국 중 하나에 불과한 나라였을까? 또 로마제국은 무엇 때문에 멸망했을까? 이러한 의문을 풀기 위해 공중파 KBC 방송의 '99분 토론'에서는 로마제국의 위대성에 대해 긍정적 입장과 부정적 입장을 가진 양측 대표를 초청하여 토론을 열게 되었다.

**사회자** — 안녕하세요. KBC 방송 '99분 토론'입니다. 오늘은 '로마제국은 역사상 가장 위대한 국가였는가'에 대한 토론을 펼치도록 하겠습니다. 이에 대해 긍정적 입장을 가지신 수도대학교 역사학과 서사학 교수님과 부정적 입장을 가지신 세계제국연구소 신제국 소장님을 모시고 토론을 진행하도록 하겠습니다. 먼저, 두 분의 입장을 들어보도록 하겠습니다.

**서사학** — 네, 반갑습니다. 단도직입적으로 이야기해서 로마제국의 위대성은 정치제도 하나만 가지고도 의심할 여지가 없습니다. 로마는 고대시대였던 기원전 500년경에 이미 현대 민주주의의 기초라 할 수 있는 공화정을 실시할 정도로 선진국가의 형태를 갖춘 나라였습니다. 당시 고대국가 중 공화정을 실시한 나라는 그리스를 제외하고 전 세계 어느 곳에서도 찾아보기 힘들었습니다. 그리고 그리스는 도시국가에 불과한 소규모였으나 로마는 거대 제국이 될 때까지 공화정을 유지했습니다. 이러한 민주적 정치 체제 덕분에 로마는 또한 다른 어느 국가에서도 이루지 못한 선진 문명을 이룩했습니다. 그 대표적인 것이 바로 수도시설입니다. 고대시대에 상수도시설을 도시의 곳곳에까지 공급하는 믿지 못할 일이 이뤄졌던 것입니다. 이것만 보더라도 로마제국은 단지 땅만 넓혔던 다른 제국들과 달리 위대한 국가였다고 볼 수밖에 없습니다.

**신제국** — 저도 그 시대에 공화정을 시행했다는 점은 높이 평가합니다. 하지만 현대 민주주의의 뿌리는 로마의 공화정보다 그리스의 민주주의에서 찾을 수 있습니다. 물론 완벽하진 않지만 그리스야말로 직접 투표에 의해 대표를 뽑았으니까요. 반면, 로마의 공화정은 귀족 중심의 소규모 정치집단에서 대표를 선출했다는 점에서 획기적이지만 일반 국민이 정치에 참여할 수 있는 민주적 제도였다고 보기는 힘듭니다. 물론 그 고대시대에 상수도시설을 생각하였다는 점은 대단합니다. 하지만 상수도시설로 공중 목욕탕이 생겨나고 그것이 전염병 감염과 향락 문화로 인한 타락의 온상이 되었다는 점도 눈여겨봐야 한다고 생각합니다.

---

주제 1
## 로마의 공화정은 높이 평가할 만한가

---

**사회자** — 초반부터 두 분의 의견이 팽팽하여 흥미롭습니다. 먼저, 로마의 공화정에 대하여 이야기를 나눴으면 합니다. 서 교수님께서 로마

의 공화정이 어떤 것이었으며 왜 위대하다고 봐야 하는지 말씀해 주실까요?

**서사학** — 네, 로마가 처음부터 공화정을 실시한 것은 아니고요. 처음에는 다른 국가들처럼 왕정으로 시작했어요. 하지만 다른 국가와 달리 로마의 왕은 100명의 원로원[2]과 의논하여 국가를 다스렸습니다. 하지만 로마의 7대왕이었던 타르퀴니우스가 폭정을 일삼자 이에 반발하여 공화정이 만들어지게 됩니다. 로마의 공화정은 300명으로 구성된 원로원 의원이 나라의 중요한 사항을 결정하는 정치 체제였습니다. 또 원로원 출신 중 집정관[3] 두 명을 국가의 통치자로 선출하여 (임기 1년) 나라를 다스리게 했습니다. 이때 집정관은 원로원의 지지를 받아야 선출이 가능했고요. 당시 대부분의 나라가 왕권 세습 체제를 실시하고 있던 가운데 오늘날 국회와 비슷한 모양의 원로원을 두고 1년 임기의 통치자를 선출하여 뽑았다는 점에서 로마의 공화정이 대단하다 하지 않을 수 없습니다.

**신제국** — 좀 전에 원로원이 지금의 국회와 비슷하다고 했는데 꼭 그렇게 볼 수는 없습니다. 오늘날 국회의원은 국민에 의해 선출되지만 당시 원로원 의원은 원로와 귀족의 지지를 받아야 선출될 수 있었습니다. 또 원로원 의원이 될 수 있는 자격도 귀족에 국한되었습니다. 그런 점에서 로마의 원로원은 민주주의의 결과라 보기에는 무리가 있습니다. 또 이러한 원로원에 의해 선출된 집정관 역시 민주적인 과정을 거쳐 선출된 대표자라 보기 힘듭니다. 국민의 의견은 하나도 반영되지 않고 오직 원로원의 뜻만 반영되었기 때문입니다. 왕

고대 로마와 그리스의 스파르타 등에서 시행했던 자문 기구로, 이곳에서 오늘날 국회처럼 법을 만들기도 했다.

고대 아테네와 로마 공화정 시대의 최고 행정관으로, 오늘날 대통령에 해당하는 직위이다.

권 세습에서 벗어났다는 점에서는 높이 평가할 만하지만 민주주의의 관점으로 볼 때는 아직 부족한 점이 많아 보이는 것이 사실입니다.

서사학 — 하하, 우리 신 소장님은 너무 욕심이 많다는 생각이 듭니다. 어떻게 첫술에 배부를 수 있겠습니까. 처음 시행한 제도가 이 정도면 대단하다고 인정해야 하지 않을까요. 그리고 귀족 출신만 원로원 의원이 될 수 있다고 했는데 그렇지 않습니다. 초기에는 귀족들만 원로원 의원이 될 수 있었으나 후기로 가면서 평민들도 원로원 의원이 될 수 있는 제도가 만들어졌습니다. 물론 그리스처럼 시민이 선거에 참여하여 대표를 뽑는 제도까지 발전하지는 못했지만 여기까지만 해도 대단하다고 인정해야 한다고 봅니다.

신제국 — 그렇게 생각할 수도 있겠지만 그럼에도 저는 로마 공화정의 한계를 이야기하지 않을 수 없습니다. 왜냐하면 로마의 공화정은 결국 수명이 얼마 가지 못해 없어지고 말았기 때문입니다. 야심가인 카이사르의 등장으로 로마의 공화정은 막을 내리고 황제가 세습하는 나라로 후퇴했습니다. 이후 펼쳐지는 로마 황제들의 타락과 부패 이야기는 너무도 잔인하고 흥미로워 영화로도 다뤄지지 않았습니까. 우리가 잘 알고 있는 칼리굴라, 네로 황제[4] 등이 바로 이 시기에 등장하였죠.

칼리굴라와 네로는 수많은 기행과 악행으로 인하여 폭군으로 유명한 로마제국의 황제들이다.

서사학 — 신 소장님 이야기를 듣고 있다 보면 갑자기 로마의 공화정이 초라해지는 느낌이 듭니다. 하지만 로마의 공화정은 기원전 500년부터 카이사르가 등장할 때까지 무려 500년 동안 로마를 다스린

정치 체제였다는 점을 기억해야 한다고 생각합니다. 어떤 나라가 500년 유지되기도 힘든데 민주적 성격을 지닌 공화정이 500년 정도 이어졌다는 것만으로도 로마의 공화정은 칭송을 받아야 할 것입니다.

---

**주제 2**
## 로마는 과연 세계 최고의 문명이었는가

**사회자** ── 두 분의 주장이 나름 다 일리가 있는 것 같습니다. 그 시절 공화정을 생각했다는 점은 분명 대단한 것 같지만 한계가 있었기에 결국 다시 제국주의로 돌아갔다는 주장도 설득력이 있어 보입니다. 그렇다면 이번에는 로마의 찬란했던 문명에 대한 이야기를 해 보면 어떨까 합니다. 대개 사람들은 역사상 가장 위대한 문명으로 로마의 문명을 들고 있습니다. 과연 로마는 세계 최고의 문명이었을까요? 이에 대해 이번에는 신 소장님이 먼저 포문을 열어 주시죠.

**신제국** ── 로마가 세계 최고의 문명이었다고 주장하시는 분들은 대개 선진화된 수도시설, 목욕탕 문화, 도로시설, 그 외 콜로세움 등을 예로 듭니다. 로마가 이런 시설들을 만들어 낸 시점이 기원전, 후라 대단하다는 생각이 드는 것은 사실입니다. 하지만 문명이라는 개념은 단지 물질적 문화시설만을 뜻하는 것이 아니라 정신적 철학, 예술도 더불어 평가해야 한다고 생각합니다. 그런 면에서 시오노 나나미는 그의 책 『로마인 이야기』에서 예술, 철학적으로는 로마가 그리스보다 뒤떨어지는 면이 많았고 중국, 인도보다도 뒤떨어져 있었다고 주장하기도 합니다. 왜냐하면 로마가 한창 번성하던 시기 중국과 인도에서는 유교와 불교가 탄생했기 때문입니다.

서사학 —— 우리가 문명을 이야기할 때 대개 물질적 문화만을 생각하지, 정신적 철학이나 예술적 측면까지 고려하지는 않는 게 일반적입니다. 실제 사전에도 문명이란 '기술적, 물질적인 측면의 발전에 의해 이루어진 결과물'이라고 나와 있고요. 이것은 아마도 신 소장님이 로마 문명을 반대하는 쪽으로 깊게 생각하다 보니 나온 결론인 것 같습니다. 로마의 문명이 세계 최고였다는 점은 부인할 수 없는 사실로 보입니다. 로마는 정복을 하는 곳마다 도로를 내고 다리를 놓았는데요. 이것은 오늘날 도로의 원형을 방불케 합니다. 발달된 도로는 물론 군사 이동이 가장 큰 목적이었겠지만 주민들에게 이동의 편리성을 가져다주어 경제 발달에 큰 도움을 주었습니다. 또 로마는 점령한 도시들마다 수로시설, 공공 목욕탕, 원형 경기장 등 편의시설을 만들어 도시 주민들이면 누구나 사용할 수 있도록 하였습니다. 이처럼 편리하고 발달된 문명에 피지배 민족들이 열광하지 않을 수 없었을 것입니다. 이처럼 선진화된 로마의 문명은 서구 유럽에 종교, 법률, 정치, 건축, 기술, 문화, 예술, 달력 등 거의 모든 측면에서 직접적인 영향을 미쳤으니 세계 최고의 문명이라 해도 되지 않을까요?

신제국 —— 로마의 수로시설에 기인한 공공 목욕탕, 원형 경기장 등의 문화가 긍정적 영향을 미쳤다면 이후 중세 유럽의 문화에 그대로 계승

되었어야 하는데……. 그러지 못했습니다. 그 이유는 이러한 시설들이 향락과 타락의 문화를 만들어 내는 온상이 되어 부정적 영향을 미쳤기 때문입니다. 그리고 선진화된 로마의 문명이 서구 유럽에 종교, 법률, 정치, 건축, 기술, 문화, 예술, 달력 등 거의 모든 측면에서 직접적인 영향을 미쳤다고 하셨는데 전체적으로 보면 그렇게 보이지만 세부적으로 보면 로마보다 더 발달된 문명들이 곳곳에 존재하고 있었습니다. 예를 들면, 정치적으로 로마가 민주적 이념을 세우지 못한 채 귀족 간 내부 대립으로 갈등하고 있을 때 중국은 덕치(덕으로 나라를 다스림) 이념을 세워 나라를 다스리고 있었습니다. 당시 예술에 있어서도 로마보다 그리스의 예술이 한 단계 위였다는 평가가 많습니다.

**서사학** ── 어떤 현상에 대해 너무 확장된 개념으로 말씀하시면 오해가 생길 수 있습니다. 로마의 수로시설과 목욕탕이 오늘날 수도와 목욕탕의 원형이라는 사실, 로마의 원형 경기장이 오늘날 스포츠 스타디움의 원형이라는 사실은 변함이 없습니다. 당시에 이런 선진 문명이 있었다는 사실 하나만으로도 위대한 문명이라 부르기에 손색이 없는 것입니다. 당시 로마의 선진 문명이 있었기에 이 영향이 유럽에 고스란히 전해졌고 이것이 미국에 전해져서 지금 전 세계를 지배하고 있는 문명을 이룩했던 것입니다.

**신제국** ── 어허, 서 교수님이야말로 로마 문명에 대해 너무 확대 해석하는 것처럼 보입니다. 당시 로마의 문명이 화려했던 것은 사실이지만 중세 유럽의 문명으로까지 이어지지 않고, 근대에 들어서 이룩한 문명은 로마 문명의 영향이라기보다 근대 과학기술의 발달이 이룩한 문명이라고 보는 것이 더 타당하다고 생각합니다.

**서사학** — 신 소장님이 르네상스를 생각하지 못하신 것 같습니다. 물론 로마 문명이 중세 유럽에는 연속적으로 이어지지 않았지만 고대 그리스·로마의 문명을 부흥시키고자 하는 움직임이었던 르네상스를 통하여 로마의 찬란한 문명을 다시 부활시켰던 것입니다. 그리고 그 영향이 고스란히 이어져 오늘날의 근대, 현대 문명을 만들어 내지 않았습니까.

**신제국** — 저는 르네상스가 고대 그리스·로마의 학문과 지식, 예술을 부흥시키고자 하는 움직임으로 알고 있습니다. 따라서 주로 학문과 예술 분야에서 큰 변화가 있었던 것이지 로마의 수도, 목욕탕, 원형 경기장 문화가 부활하여 큰 영향을 미쳤다는 기록은 보지 못했습니다.

---

주제 3

## 로마는 왜 멸망했을까

---

**사회자** — 두 분의 토론 열기가 대단한 것 같습니다. 그 사이 시간이 훅 지나가 버려 이제 마지막 주제에 대해 이야기해야 할 것 같습니다. 그렇다면 로마는 왜 멸망했을까 하는 부분입니다. 이에 대해 서 교수님이 먼저 이야기해 주셨으면 합니다.

**서사학** — 로마의 역사는 동로마제국[5]까지 합친다면 무려 2천 년에 이릅니다. 역사상 어떤 나라도 2천 년간 존속된 나라는 없을 만큼 오

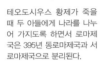

5
테오도시우스 황제가 죽을 때 두 아들에게 나라를 나누어 가지도록 하면서 로마제국은 395년 동로마제국과 서로마제국으로 분리된다.

랫동안 나라를 유지했다고 볼 수 있지요. 이런 로마더러 왜 멸망했는지 묻는 것은 호사가들이 호기심으로 하는 주장에 불과하다고 생각합니다. 역사상 어떤 나라도 지금까지 존재하는 나라는 없습니다. 어떤 나라든 흥망성쇠를 겪게 돼 있으니까요. 사람도 때가 되면 죽듯이 나라도 때가 되면 멸망한다는 논리입니다. 따라서 로마도 결국 흥망성쇠의 순리에 따라 멸망했다고 생각합니다.

**신제국** ── 교수님은 총론적인 이야기를 하신 거고요. 그럼에도 위대한 나라라 일컫던 나라가 멸망했다면 그 원인은 짚고 넘어가야 한다고 생각합니다. 일반적으로 사람들은 로마가 멸망한 이유를 빵과 서커스, 목욕탕 등으로 인한 안일과 향락 문화 때문이라고 말하기 좋아합니다. 하지만 좀 더 정확히 말하면 부패와 타락으로 물든 정치권의 안일한 대처가 가장 큰 원인이었다고 생각합니다. 당시 로마는 무차별적으로 정복전쟁을 펼쳐 방대한 국경지대를 이루고 있었습니다. 이를 방어하기 위해 많은 군사력이 필요했지만 낮은 의료 수준과 빵과 서커스 정책으로 출산율이 낮아지면서 군사력이 부족해졌습니다. 여기에 정복전쟁을 중단함으로써 식민지로부터 거두어들인 물자에 의존하던 경제도 큰 타격을 받습니다. 이처럼 정치적으로는 부패하고 문화적으로는 타락하였으며 군사, 경제적으로는 약해진 상태에서 이민족의 침략을 당하니 멸망할 수밖에 없었던 것이지요. 재미있는 것은 이러한 사회적 분위기를 감지하여 로마가 멸망할 것을 예상했던 당시 로마시민들이 많았다는 사실입니다.

**서사학** ── 지금 신 소장님이 말씀하신 내용은 서로마제국의 멸망 원인과 관련된 것이고 그 부분은 저도 인정합니다. 하지만 로마의 정신은 서로마제국에만 있지 않고 동로마제국으로 이어집니다. 비잔티움제국이라고도 하는 동로마제국의 역사가 언제까지 이어지는지 아십니까? 무려 1453년까지입니다. 1453년이라 하면 르네상스를 통해 근대 유럽문명이 태동되고 있던 시점입니다. 그 시대까지 멸망하지 않고 제국을 유지하고 있었다는 점이 대단하다는 생각입니다. 결국 동로마제국은 중동의 최강 세력이었던 오스만튀르크의 공격을 버티지 못하고 멸망하게 됩니다. 제가 앞에서 어떤 국가든 흥망성쇠의 순리에 따라 멸망한다고 했는데 바로 동로마제국이 그에 따라 멸망했다는 이야기를 하고 싶었던 것입니다.

**신제국** ── 동로마제국이 수많은 위기를 겪으면서도 1453년까지 존속되었던 점에 대해서는 저도 대단하게 생각하고 있습니다. 이런 동로마제국의 멸망 원인에 대하여 저는 동로마제국이 더 이상 발전 가능성을 보이지 않고 정체돼 있었던 점을 들고 싶습니다. 이것은 동로마제국의 정치조직이 모순을 겪으면서 심한 갈등을 하고 있었기 때문입니다. 결국 이런 가운데 강력한 오스만튀르크의 공격을 받아 멸망할 수밖에 없었던 것입니다.

## 마무리 발언

**사회자** ── 아쉽게도 시간이 다 되었습니다. 오늘 두 분의 토론을 통하여 로마제국의 역사와 문화에 대한 지식이 한층 높아진 느낌입니다. 두 분께 감사드리고요. 이제 각자 오늘 토론에서 느낀 점에 대해 마무리 발언을 한마디씩만 해 주시기 바랍니다.

**서사학** ── 오늘 토론에서 로마제국에 대한 긍정적 의견을 많이 제시했지만 신 소장님의 주장을 들으면서 제가 잘못 이해하고 있는 부분도 있다는 사실을 알게 되었습니다. 총론적으로 로마제국의 위대성에 대해 의심할 여지가 없으나 각론으로 들어가 보면 로마제국보다 더 위대한 문화를 이룬 나라들도 있었다는 사실을 알게 해 준 점에 감사드립니다. 오늘을 계기로 로마제국에 대한 연구를 좀 더 깊이 해 볼 생각입니다.

**신제국** ── 저 역시 이번 토론 시간이 매우 유익했습니다. 반대편에 서서 로마제국의 문제점들을 지적하는 역할을 했지만 저 역시 어느 부분에 있어서는 로마제국의 위대성을 인정할 수밖에 없었습니다. 서 교수님과 마찬가지로 저도 로마제국에 대해 더욱 관심을 갖고 연구해야겠다는 생각을 해 봅니다.

**사회자** ── 이것으로 '로마제국은 역사상 가장 위대한 국가였는가'에 관한 토론을 마치도록 하겠습니다. 끝까지 지켜봐 주신 모든 분께 감사드리며 또 열심히 토론에 임해 주신 두 분께도 고마운 마음을 전합니다. 감사합니다.

로마를 대표하는 인물 중 가장 손꼽히는 사람은 단연 카이사르일 것입니다. 혹 그의 이름은 몰라도 "주사위는 던져졌다", "왔노라, 보았노라, 이겼노라", "브루투스 너마저!"와 같은 명언은 들어 봤을 것입니다.

카이사르는 영어로 '시저'라 불리기도 하는데 그는 로마 공화정 말기 곳곳에서 봉기가 일어나며 나라가 극도의 혼란에 빠져 있던 시기에 혜성처럼 등장하여 봉기를 진압하고 나라를 안정시키며 일약 영웅으로 떠올랐습니다. 그는 파르티아 원정을 갔다 혼란에 빠진 로마를 진압하러 오면서 "주사위는 던져졌다"는 말을 남겨 유명해졌습니다. 이후 카이사르는 절대 권력자가 되면서 로마의 공화정은 무너지게 됩니다.

▲ 빈센조 카무치니(1771~1844년), 「카이사르의 죽음」, 1798년

세기의 미인 클레오파트라와의 러브 스토리도 매우 유명합니다. 이렇게 화려한 삶을 살았던 카이사르는 결국 자신의 부하였던 브루투스의 손에 암살당함으로써 생을 마감합니다. 카이사르 이후로 로마는 공화정을 마감하고 황제가 다스리는 제국으로 변신하게 됩니다.

## 마무리 하기

# 로마제국은 역사상 가장 위대한 국가였는가

1. 다음 로마제국에 대한 토론 내용을 보고, 각 주장에 관한 근거를 정리해 적어 보세요.

| 로마제국은 역사상 가장 위대한 국가였는가? | | |
|---|---|---|
| 로마의 공화정은 높이 평가할 만한가? | 당시 민주적 정치제도를 시행했다는 점에서 높이 평가할 만하다.<br>근거 : | 귀족들의 집단 통치 체제에 불과했다.<br>근거 : |
| 로마는 과연 세계 최고의 문명이었는가? | 수도, 도로, 목욕탕 등은 최고의 선진 문명이었다.<br>근거 : | 철학, 예술적으로는 최고가 아니었다.<br>근거 : |
| 로마는 왜 멸망했을까? | 흥망성쇠의 순리에 따라 멸망했을 뿐이다.<br>근거 : | 정치, 사회의 타락, 경제, 인구의 저하 등이 멸망을 초래했다.<br>근거 : |

2. 로마제국에 관한 본인의 생각을 적어 보세요.

▲ **칼 폰 필로티**(1826~1886년), 「**불탄 로마 시내를 사찰하는 네로 황제**」, **1861년.** 독일의 화가인 칼 폰 필로티가 로마제국의 폭군이었던 네로 시대 로마의 대화재 사건을 그린 그림이다. 네로가 화재의 범인으로 기독교인을 몰며 처형하는 장면이 잘 묘사되어 있다.

· 쟁점 3 ·

# 중세 유럽

— 중세 유럽은 암흑시대였는가

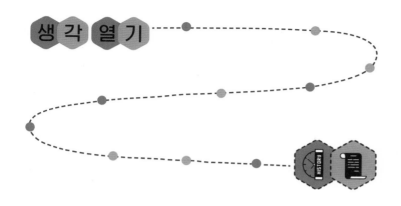

　중세적 판타지가 가득한 『반지의 제왕』, 절대 반지를 찾아 떠나는 이 소설의 작가는 중세 연구가 톨킨입니다. 기호학자이자 소설 『장미의 이름』을 쓴 움베르토 에코도 중세를 연구한 학자입니다. 중세의 어떠한 점이 중세 연구자로 하여금 소설까지 쓰게 했을까요? 연구자가 연구에 그치지 않고 소설을 쓰고, 그렇게 탄생한 두 소설 모두 대중적인 인기몰이로 영화화가 된 것을 보면, 꽤 매력적인 시대인가 봅니다.

　중세 전문가가 쓴 두 소설은 중세를 배경으로 하지만 전혀 다른 이야기를 하고 있습니다. 같은 시대 다른 이야기라고 할까요? 에코는 웃음을 죄악시하고 기독교의 절대권력을 유지하려는 중세 교회를, 톨킨은 절대 반지를 찾아 악을 응징하는 기사도 정신이 살아 있는 낭만의 시대를 그리고 있습니다. 마치 중세를 바라보는 두 가지 상반된 평가를 대변하는 것처럼 말입니다.

이 장에서 다룰 주제는 '중세 유럽은 암흑시대였는가'입니다. 중세의 이미지는 신 중심의 세계, 인간의 이성 대신 종교가 지배하는 세계로 '암흑시대'였다는 평가가 있습니다. 중세를 암흑으로 보는 중요한 근거는 근대와의 비교를 통해서 제시되었죠. 인간의 이성과 과학의 진보를 빛으로 볼 때 중세는 빛이 없는 암흑의 시대라고 보았습니다. 고대의 문화가 근대에 부활했으니 그 사이에 끼인 중간의 시대가 중세라며 암흑시대로 평가했지요.

하지만 천 년 동안 유지된 중세에 대해 다른 평가도 있습니다. 학문, 예술, 기술의 진보 측면에서 근대의 속성이 발견되며, 르네상스 이후 근대에서도 중세적 특징이 보였습니다. 또 지역적으로 중세와 근대의 발전이 서로 다르게 나타나기도 했습니다. 정말 중세는 암흑시대였을까요?

그럼 중세가 정말 암흑이었는지 아닌지를 알아보기 위한 지적 여행을 떠나 봅시다.

## ■ 중세 역사 연표

| | |
|---|---|
| **400~1000** | **중세 초기/게르만족의 정착**(5~7세기)**/게르만적 재편의 시도**(8~10세기) |
| 486 | 프랑크 왕국 건국 |
| 726~843 | 동로마제국(비잔티움제국)의 성상 파괴 운동 |
| 768~814 | 샤를마뉴 대제 |
| 800~850 | 카롤링거 르네상스 |
| 870 | 메르센조약: 중세의 독일(동프랑크 왕국)과 프랑스(서프랑크 왕국) 분리 |
| 880~911 | 바이킹의 유럽 침입 |
| 962 | 오토 대제 황제로 즉위(신성로마제국 성립) |
| **1000~1300** | **중세 중기/기독교 세계의 형성**(11~13세기) |
| 1054 | 동서 교회의 분열 |
| 1095~1099 | 제1차 십자군 |
| 1077 | 카노사의 굴욕: 신성로마제국의 하인리히 4세, 교황 그레고리오 7세의 대립 |
| 1140~1260 | 아리스토텔레스의 저작이 라틴어로 번역됨 |
| 1204 | 제4차 십자군의 콘스탄티노플 함락 |
| 1215 | 영국의 마그나카르타 |
| 1266 | 『신학대전』/토마스 아퀴나스(1225~1274) |
| 1285~1349 | 윌리엄 오컴(오컴의 면도날) |
| **1300~1500** | **중세 후기/기독교 세계의 위기**(14~15세기) |
| 1308 | 『신곡』/단테(1265~1321) |
| 1309~1377 | 아비뇽 유수: 교황 클레멘스 5세 |
| 1338~1453 | 백년전쟁 |
| 1347~1350 | 흑사병 |
| 1414~1418 | 콘스탄츠 공의회(중세 최대의 종교회의) |
| 1440 | 구텐베르크 금속활판 인쇄술 발명 |
| 1453 | 동로마제국(비잔티움제국) 멸망 |

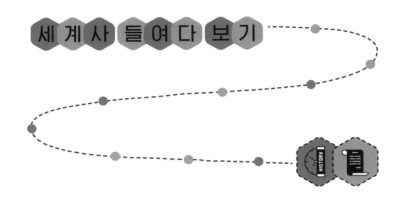

## 중세라는 용어는 언제, 어떻게 생겨났나

　서양에서 중세라는 용어는 이탈리아 르네상스 시기에 등장했습니다. 1469년 지오반니 안드레아는 고대를 재생한 15세기와 고대 사이에 존재한 이 시기를 '암흑', '야만과 무지'로 비하하면서 중세라는 용어를 처음 사용했지요.

　17~18세기에 활동한 계몽주의자들은 르네상스 이전의 예술과 문학, 교회와 교부철학patristic philosophy[1]을 비난하는 말로서 중세를 사용했습니다. 이후 '중세'가 서양 역사상 고대와 근대 중간에 위치한 역사 시대를 지칭하는 용어로 확립되었습니다. 아울러 중세를 야만성과 퇴보, 경멸의 의미로 사용한 또 다른 용어는 medieval과 gothic입니다.

　한편으로 18세기 이후 낭만주의가 등장하면서 중세는 용감한 기사와 고결한 숙녀를 연상시키는 시대로 인식이 바뀌기도 했지요. 고전주의와 이성 중심의 사고에서 벗어나 감정을 중요

[1] 교부철학은 이단에 맞서 교회의 이론을 세운 사람들의 기독교 신학을 바탕으로 하는 철학을 일컫는다.

시한 낭만주의자들에게 중세는 더할 나위 없는 '낭만'의 시대로 칭송받았답니다. 19세기 민족주의는 독일과 이탈리아의 통일을 이끌었고, 각 민족은 자신들의 신화와 전설에 주목했습니다. 『니벨룽의 반지』, 『아서왕 이야기』, 『롤랑의 노래』 등은 모두 중세를 바탕으로 쓰였습니다. 이렇듯 르네상스 인문주의자, 계몽사상가 그리고 낭만주의자는 모두 같은 시대를 바라보면서 각기 다른 생각을 펼쳤다고 할 수 있습니다.

▲ 백년전쟁 중 잔다르크의 모습. 중세의 끝은 영국과 프랑스의 백년전쟁이 기준점이 될 수 있다.

© Jules Eugène Lenepveu

## 중세의 시작과 끝은 어디인가

긴 역사에서 언제부터 언제까지가 중세일까요? 한 시대의 시작과 끝의 구분은 기준점에 따라서 다양한 의견이 있습니다. 로마적 전통에서 게르만적 전통으로 이행한 것을 기준으로 하면 게르만족의 이동과 서로마의 멸망인 476년을 중세의 시작으로 볼 수 있습니다. 중세의 끝은 영국과 프랑스의 백년전쟁이 기준점이 될 수 있지요. 백년전쟁 이후 정치적, 경제적, 문화적, 종교적인 정세 변화가 매우 컸기 때문입니다.

자크 르 고프는 476년에서 1492년까지를 중세로 파악했다. 1492년은 콜럼버스의 아메리카 대륙 발견, 에스파냐의 국토 재정복 운동(레콩키스타)으로 마지막 남은 이슬람 세력을 몰아낸 그라나다 정복이 일어난 해이다.

이런 관점에서 중세는 476년에서 백년전쟁이 끝난 해이자 동로마제국(비잔티움제국)이 무너진 1453년까지 천 년의 시간을 유지한 시대[2]라 할 수 있습니다. 그러면 간략하게 중세시대에 대해 살펴볼까요?

## 싸우는 자 – 봉건제의 성립

고대의 주인공이 라틴인이라면, 중세의 주인공은 게르만인입니다. 그들은 프랑크 왕국(486년)을 세웠습니다. 프랑크 왕국은 게르만 문화와 로마 문화 그리고 기독교 문화를 융합시켜 중세 유럽 정치, 사회문화의 기반을 닦았습니다. 또 프랑크 왕국은 로마교회와 제휴하여 서로마제국을 부흥시켰습니다. 이후 프랑크 왕국은 분할(870년)되어 현재의 독일, 프랑스, 이탈리아의 토대를 이룹니다. 이 과정에서 중앙의 통제력이 약화되고 지방 세력이 지방을 지배하는 현상이 나타납니다. 외부적으로는 이슬람, 노르만 등 이민족의 침입으로 혼란스러웠지요. 이들을 막기 위해 지역적으로 싸우는 자들이 영지 내 사람들을 보호하면서 지배자로 군림하게 됩니다. 이러한 대내외적 상황으로 봉건사회가 성립되지요. 봉건사회는 영주(귀족) – 기사의 위계질서로 구성된 주종제, 지방분권적인 지배 체제, 농노의 부역 노동에 입각한 자급자족적 경제 체제인 장원제로 유지되었습니다. 도시가 발달하고 중앙집권적인 황제 권력이 있었던 로마와 매우 다른 사회였다고 볼 수 있습니다.

## 일하는 자 – 장원제와 도시의 발달

　이민족의 침략 속에서 영주와 기사들에게 보호를 받는 사람은 농노들입니다. 생산을 담당한 이들은 영주와 교회에 부역 노동과 세금을 바치면서 사는 신분이었습니다. 가족을 거느리고 사유재산을 가질 수 있어서 노예보다는 나은 처지였지요. 하지만 거주 이전의 자유가 없어서 근대 시민에 비해 자유롭지 못한 신분이었습니다. 프랑크 왕국 분열 이후 혼란스럽던 서유럽은 10세기 이후 안정됩니다. 농업기술 혁신, 활발한 개간 등으로 농업 생산성이 향상되었습니다. 인구가 증가하고 상업과 도시가 발달하면서 상인, 수공업자가 늘어났고, 동방의 사치품과 교환할 모직물 산업이 중요한 산업으로 등장했습니다. 이탈리아와 플랑드르 및 북독일 지역의 도시가 발달하고 유럽 각지에 시장이 형성되었지요.

　자급자족적인 장원 경제를 뒷받침한 농노들의 삶에도 변화가 일어납니다. 이제 농노들은 장원에만 머물지 않고 도시로 가서 상인과 수공업자, 회계사 등 새로운 직업으로 다른 삶을 살 수 있게 되었습니다. 중세 도시에서 주도적 역할을 한 상인과 제조업자들은 공동체적인 투쟁을 통해 자치권을 획득하고 농노의 신분적 해방에도 기여했습니다. 들어 보셨지요? "도시의 공기는 자유롭다!" 공동체적 투쟁을 주도한 상인조합, 수공업 조합인들은 구성원의 상호평등, 상부상조를 중시하는 입장에서 자유경쟁을 억제하고 생산과 기술을 통제했습니다. 이제 중세

도시는 자급자족 경제에서 탈피하면서 발전하는 듯했습니다.

그러나 14세기 흑사병이 유럽을 휩쓸었습니다. 다시 위기에 처해진 유럽. 유럽 전체 인구의 1/3을 앗아 간 이 무시무시한 전염병은 유럽에 어떤 영향을 끼쳤을까요? 위기는 곧 새로운 기회이기도 합니다. 수많은 사람이 죽어 갔지만 노동력이 귀해져 농노의 지위가 상승했습니다. 지배층인 봉건 영주와 기사 계급은 새로운 전투 방식의 도입으로 몰락했지요. 정치적으로는 왕권이 강화되고 점차 중앙집권화가 이루어져 영토전쟁이 벌어졌습니다. 변화하는 시대에 농노들은 농노의 삶 대신 상공계층으로, 왕권을 뒷받침하는 관료로, 대항해 시대의 항해기술자로 성장하게 됩니다. 물론 여전히 영주의 장원에 머물면서 부자유한 농노로 살던 사람들이 다수이기는 했습니다. 역사적인 변화가 모든 곳에서 한꺼번에 일률적으로 일어나지는 않으니까요. 하지만 변화의 힘은 결국 언젠가는 세상을 변화시킵니다.

## 기도하는 자 – 교황과 세속 권력의 대립

중세 교회의 중심은 로마입니다. 예수님이 로마 시대 사람인 것은 다 아시지요? 네로와 같은 폭군은 기독교를 반대(64년)했지만, 제국의 통치를 위해 결국 로마 황제는 기독교를 공인(밀라노 칙령, 313년)했고, 로마의 길을 통해 기독교는 유럽 전역으로 전파되었습니다. 로마의 정복과 도로가 없었다면 기독교가 이렇게 유럽의 절대 종교로 발전하지 못했을 것입니다. 교회는 주종제의 왕 - 영주 - 기사 - 농노의 위계질서에 편승하여 영주 및 대토지 소유자의 지배층으로 자리매김했습니다. 기독교와 교회는 중세 유럽에 문화와 가치의 기반을 제공했지요. 하지만 교회에 권력과 부가 집중되면서 타락의 양상을 보였습니다. 봉건 영주들은 교회 권력을 배경으로 하면서도 한편으로는 교회 권력의 간섭에서 벗어나고 싶어 했습니다.

이런 배경 속에서 11세기 말에는 성직자 임명권을 둘러싸고 교회와 세속 권력이 대립하는 서임권 투쟁이 벌어졌습니다. 클뤼니 수도원 출신인 그레고리오 7세 교황은 세속 권력이 교회에 예속되어야 한다고 주장했습니다. 이에 신성로마제국의 하인리히 4세 황제는 강력히 맞섰죠. 결과는 교회의 승리입니

▲ 그레고리오 7세에게 용서를 구하는 하인리히 4세

© Jules Eugène Lenepveu

다. 교황은 황제에게 기독교 사회에서 살 수 없는 파문을 선고했고, 황제는 결국 교황에게 무릎 꿇고 용서를 빌었습니다. 유명한 카노사의 굴욕(1077년)입니다. 황제는 다시 반격합니다. 독일 제후세력을 규합하여 그레고리오 7세를 폐위시키지요. 하지만 여전히 교황권은 강력했습니다. 권력의 절정은 인노켄티우스 3세(1198~1216년) 때입니다. "태양이 달 위에 있는 것처럼, 교황권은 태양이고 황제권은 달이다"라고 했지요. 그는 교황이 기독교 세계의 중심이라며 정치적 문제에도 개입할 권리가 있음을 밝혔습니다. 실제로 영국의 존 왕, 프랑스 필리프 왕 등을 십자군 전쟁에 참여시켰습니다.

세속 권력인 왕 위에 군림하면서 절대적 권력을 유지할 것 같았던 교회는 십자군 전쟁 이후 권위가 떨어졌습니다. 1309년 로마교황청은 프랑스 왕의 명령으로 아비뇽으로 옮겨지면서 왕의 통제를 받게 됩니다. 아비뇽 유수입니다. 이에 로마는 따로 교황을 선출하면서 두 명의 교황이 존재하는 교회의 대분열이 시작되었지요. 이와 함께 교회는 극심한 부패의 모습을 보였습니다. 교회의 타락을 막고자 위클리프, 후스 등의 교회개혁자들이 나타나 개혁을 외치게 됩니다. 하지만 중세 유럽의 사회적, 경제적 변화에 따라 세속 권력이 강화되고 교회는 예전의 권력을 회복할 수 없게 되었지요. 이에 교회는 개혁과 대분열을 마무리하고자 중세 최대의 종교회의인 콘스탄츠 공의회(1414~1418년)를 열었습니다. 통일 교황으로 마르티노 5세를 선출해 교회의 대분열을 마무리 지었지요. 하지만 개혁을 외쳤던 위클리프를 이단으로 몰고, 후스를 화형에 처했습니다. 이처럼 강력한 공의회는 교황보다 우월적 지위를 인정받았습니다. 공의회 힘의 배경에는 세속 권력인 제후의 힘이 있었으므로 결국 교황과 교회 권력을 약화시키게 되었습니다.

## 이슬람교와 기독교의 충돌 – 십자군 전쟁

중세의 대표적인 비극적 사건은 십자군 전쟁(1095~1291년)입니다. 아마도 중세의 부정적 평가에 일등 공신일 텐데요. 십자군 전쟁은 종교에서 시작되었지만, 세속 권력, 귀족, 상인 등의 합세로 200년간 지속되었습니다. 전쟁의 시작은 셀주크튀르크족의 예루살렘 점령입니다. 예루살렘은 기독교, 유대교, 이슬람교의 성지입니다. 이슬람교를 믿는 셀주크튀르크족의 예루살렘 점령은 기독교 세계에 대한 도전으로 받아들여졌지요. 동로마 황제가 교황 우르바누스 2세에게 도움을 요청하면서 성지 탈환을 명분으로 내세워 전쟁이 시작되었습니다. 1차 전쟁에서 예루살렘을 탈환(1096년)했으나 곧 빼앗기고, 이후 수차례의 전쟁 속에서 아무런 실익을 얻지 못한 채 종교적 열망은 사라지고 세속적인 욕망과 욕심이 강화되었습니다. 시작은 종교적 열망이었지만 세속 권력자들의 정치적 욕심과 상인들의 이해관계는 본래 목적을 뛰어넘었습니다. 예로서 1204년 4차 십자군 전쟁에서는 같은 편인 동로마 수도인 콘스탄티노

▲ 에밀 시뇰(1804~1892년), 「예루살렘을 탈환한 십자군」, 1847년

플의 상권을 차지하고자 베네치아 상인과 제휴하여 동로마제
국을 무너뜨리고 라틴제국을 세우기까지 했죠. 전쟁의 결과 교
황 권력이 실추하고 종교심이 다소 위축됩니다. 또 많은 기사
가 전쟁에서 죽고, 흑사병으로 인구가 줄어들자, 각 지역의 왕
들은 중앙집권력을 늘려 가면서 교회에 대항하기 시작하지요.

## 새로운 시대를 향한 중세의 움직임

항상 한 시대의 끝은 새로운 시대의 시작과 맞물립니다. 십
자군 전쟁과 흑사병, 개간의 한계와 지력의 고갈로 인한 생산력
하락 등 중세 말기의 불안에서 근대 서양 사회가 출현합니다.

싸우는 자인 영주와 기사 대신 중앙집권적인 왕권을 기반으로 통합된 국가가 나타납니다. 백년전쟁 이후 프랑스와 영국이 그 길을 걸었고, 이슬람 세력을 몰아낸 이베리아반도에서는 에스파냐와 포르투갈이 그 길을 이어 갔습니다. 반면, 교황의 영향권이 강했던 신성로마제국(독일)과 로마는 여전히 봉건적인 제도를 유지하고 있었습니다. 두 나라는 19세기에 가서야 통일국가를 이룩하지요.

일하는 자였던 농노들은 인구 감소로 인해 처지가 개선되고, 상공업의 발달로 자본주의적인 요소들이 성장합니다. 길드의 속박과 규제를 벗어나고, 화폐라는 새로운 형태의 부를 통해 봉건적인 경제 체제를 무너뜨려 갔습니다. 기도하는 자들인 성직자들은 면벌부 판매에서 알 수 있듯이 부패와 타락을 일삼으면서 종교개혁의 길을 열어 주었지요.

이렇게, 천 년을 지속한 중세 유럽은 서서히 새로운 시대를 맞이하게 됩니다.

# 중세 유럽은
# 암흑시대였는가

나의 운명은 혼란이 요동치는

폭풍 속에서의 삶이었다.

그대에게는……, 더 나은 시대가 기다리고 있다.

우리의 후손들은 – 일단 어둠이 걷히기만 하면 –

옛날의 빛을 다시 찾을 수 있을 것이다.

—페트라르카가 1340년대에 쓴 시

    중세는 서로마 멸망의 폐허 속에서 시작되었다. 로마가 남긴 유산은 기독교와 게르만족의 정착이었고, 이 토대 위에 중세의 역사가 전개되었다.

    영화 속 중세의 이미지는 「아이반호」, 「카멜롯 전설」에 등장하는 기사와 낭만적 사랑이 존재하는 이상적인 모습과 「브레이브 하트」, 「마틴 기어의 귀향」에서 묘사한 영주의 핍박 속에서 괴로워하는 농노, 자급자족의 가난한 농촌, 죄인으로서의 인간 등 '암흑'의 모습으로 상반되게 그려진다. 즉, 중세는 이상적인 아름다움과 암흑이라는 대비되는 모습으로 묘사되고 있다.

또 중세가 근대와 어떻게 연결되는지도 중요한 논쟁거리이다. 과연 중세는 어떤 시대였을까? 19세기 이후 중세를 연구한 학자들이 여럿 등장했다. 대표 학자는 부르크하르트, 하위징아, 자크 르 고프 등이다. 이들 학자의 주장을 중심으로 중세의 역사적 의미와 특징을 찬반 토론의 형태로 알아보자. 모두 역사 토론대회의 방청객이 되어 '중세 유럽은 암흑시대였는가'에 대해 생각해 보자.


\# 하늘에서 만난 하위징아와 부르크하르트


**하위징아** —— 존경하는 부르크하르트 선생님, 중세를 암흑으로 보신 견해를 수정할 마음이 없으신가요? 보십시오. 선생님이 낮게 평가했던 르네상스 이전 중세 시기의 아름다운 그림과 예술 그리고 철학을 말입니다.

**부르크하르트** —— 이보게, 중세를 나보다 먼저 암흑으로 표현한 건 페트라르카 선생님이었다네. 15세기 르네상스의 '자연과 인간의 재발견', 그리스 로마 빛의 재생······. 멋지지 않은가? 내가 14세기에서 16세기까지의 이탈리아 문화를 탐구한 것은 근대 인간과 개인 의식의 기원을 찾겠다는 근본 문제를 풀기 위해서라네. 내가 살았던 19세기 문화에 가장 가까운 모범으로서 아직까지 영향을 미치고 있는 문화를 탐구하다 보니 그 해답을 르네상스에서 찾을 수 있었지.

역사를 하나의 문화로 해석하여 인간생활의 여러 단면(정치, 경제, 일상생활 등)들을 종합적으로 서술해 나간, 이른바 '횡단면 서술'의 방법론이다. 이는 문화사 서술의 효시가 되었다. 『이탈리아 르네상스의 문화』에서 부르크하르트는 서양 현대인의 기원을 '개인'이라는 의식이 생성된 르네상스 시대에서 찾으며 개인의식이 발전할 수 있었던 배경을 르네상스 시대 이탈리아의 시대상에서 발견했다.

한때 내 주장은 르네상스의 정설처럼 인정받았는데, 지금은 문화사적 방법론[3]이 더 주목받고 있더군.

**하위징아** — 르네상스 이전의 중세 시절에도 자연과 인간이 재발견되고, 모두 종교적 엄숙함에 사로잡힌 것은 아니랍니다. 르네상스의 위대한 작품들 속에도 중세적 요소가 많이 있지 않습니까?

**부르크하르트** — 결론이 쉽게 나지 않을 것 같군. 21세기 사람들은 이 문제를 어떻게 생각하는지 잠시 내려가 살펴봅세. 마침 세계사 토론대회가 열린다는 소식을 들었다네. 중세가 암흑인가 아닌가를 두고 토론이 진행된다고 하니 같이 들어 보자고.

**하위징아** — 그거 재밌겠는걸요? 우리가 미처 몰랐던 새로운 시각을 볼 수 있겠네요. 어서 가 봅시다.


\# 토론이 열띠게 진행되고 있는 어느 토론장


**사회자** — 이번에 토론할 주제는 '중세 유럽은 암흑시대였는가'입니다. 암흑이었다는 주장과 아니다라는 주장의 찬반 토론이 진행될 예정입니다. 이 주제는 시점을 어디에 두는가에 따라서 토론 내용이 달라질 수 있습니다. 그러므로 시기를 13세기에서 16세기, 즉 중세 말기와 르네상스 시기로 한정하여 토론을 진행하겠습니다. 주제가 방대하므로 선정된 주제에 한해 토론을 진행해 주십시오. 토론에 참여할 토론자를 소개하겠습니다. 중세가 암흑이었다는 주장을 펼칠 ○○ 고등학교 나찬성 학생과 반대 주장을 펼칠 ○○ 고등학교 너반대 학생입니다. 인사 말씀 부탁드립니다.

**나찬성** — 네, 반갑습니다. 나찬성입니다. 1435년경 마테오 팔미에리는 "바야흐로 희망과 가능성으로 충만한 새로운 시대에 살도록 선택받은 모든 사려 깊은 영혼은 신께 감사를 드릴지어다. 이 시대에는 지난 천 년 동안 나타났던 것보다 더 많은 고상한 영혼들이 환호 속에 등장했다"라고 말했습니다. 이미 15세기 당대의 이탈리아 사람들은 이 시기를 중세와 다른 새로운 시대라고 평가하고 있습니다. 당대 사람들이 그 시대를 어떻게 수용하고 평가했는가는 역사 평가의 중요한 기준이라고 생각합니다. 저는 중세는 암흑이었다는 입장에서 토론을 진행하겠습니다.

**너반대** — 반갑습니다. 너반대입니다. 『중세를 찾아서』의 머리말에서 몽트르미는 "멀고도 가까운 과거는 우리가 생각하는 것보다 훨씬 더 이질적이지만, 우리는 대체로 인정하는 것보다는 훨씬 더 큰 빚을 그 시대에 지고 있다. 그 시절(중세)의 남자와 여자들은 세상이 끝나가고 있으며 인류는 마지막 때를 향해 가고 있다고 믿었다. 그럼에도 그들은 발명하고 개선하고 끊임없이 완벽을 추구했다"라고 중세를 표현했습니다. 현대의 관점에서 중세와 지금 현대의 연결성을 강조하고 있는 것입니다. 저는 중세가 암흑시대가 아니라 근대를 준비한 시대였다는 관점에서 토론을 진행하겠습니다.

**사회자** — 네, 토론의 주제를 압축한 멋진 인사말이었습니다. 오늘 토론에서 다룰 주제는 세 가지입니다. 첫 번째는 중세의 인간과 신의 관계 속에서 중세적 인간의 위치, 두 번째는 중세의 사회경제적 발

**쟁점 ❸ 중세 유럽** — 중세 유럽은 암흑시대였는가          83

전이 폐쇄적이었는가, 마지막으로 중세의 학문과 예술 발달이 미비했는가입니다. 그럼 첫 번째 주제부터 토론을 진행해 주시지요.

주제 1
중세의 인간과 신의 관계는 어땠을까

**나찬성** —— 중세의 인간들은 끊임없이 죽음을 예비하고, 죽음을 두려워하며 살았습니다. 현세보다는 죽음 이후의 내세에 천국에 갈 것인지, 지옥에 갈 것인지가 중세인들의 최대 관심사였지요. 중세 연구가 자크 르 고프⁴는 중세의 최고 발명품을 '연옥'이라고 했습니다. 12세기에 등장한 연옥의 존재로 우리는 중세 사회가 얼마나 비이성적이었는지 알 수 있습니다. 기독교 세계가 절대적이었던 중세에 연옥은 죽은 이가 천국으로 가기 전에 현세의 죄를 정화하는 장소입니다. 중세 교회에서는 신자가 고해성사에서 죄를 참회하면 신부의 기도를 통해 그 죄를 용서받습니다. 하지만 죄의 벌은 연옥에서 정화해야 합니다. 죄가 클수록 정화에 이르는 고통이 큽니다. 중세 교회는 성경에 없는 연옥을 창조해서 중세 사람들에게 연옥의 고통에서 해방될 수 있도록 기도와 봉사, 기부를 강요했지요. 살아 있는 사람들의 기도와 기부, 봉사 여부에 따라 죽은 자가 연옥에서 받는 고통을 줄일 수 있기 때문입니다. 이러한 살아 있는 자들의 기도를 중재하는 것이 성직자와 교회였습니다. 살아 있는 사람들이 연옥의 고통을 줄이기 위해 선택한 가장 손쉬운 방법이 교회가 판매하

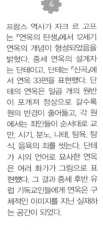

프랑스 역사가 자크 르 고프는 『연옥의 탄생』에서 12세기 연옥의 개념이 형성되었음을 밝혔다. 중세 연옥의 설계자는 단테이고, 단테는 『신곡』에서 연옥 33편을 표현했다. 단테의 연옥은 일곱 개의 원반이 포개져 정상으로 갈수록 원의 반경이 줄어들고, 각 원에서는 죄인들이 순서대로 교만, 시기, 분노, 나태, 탐욕, 탐식, 음욕의 죄를 씻는다. 단테가 시의 언어로 묘사한 연옥은 여러 화가가 그림으로 표현했다. 그 결과 중세 후반 유럽 기독교인들에게 연옥은 구체적인 이미지를 지닌 실재하는 공간이 되었다.

▲ 이탈리아 피렌체 두오모에 걸려 있는 도미니코 디 미켈리노의 「단테의 신곡」(1465년)

는 면벌부[5] 구입입니다. 이로써 교회는 살아 있는 사람뿐 아니라 죽은 자들에 대한 권리도 가지게 되었고 권력은 점점 커져 갔습니다. 이후 16세기 초 레오 10세[6] 교황이 바티칸 대성당 재건을 위한 면벌부 남발에 루터가 면벌부와 연옥 신앙을 부정하면서 종교개혁이 일어나게 됩니다. 당시 독일의 면벌부 총판매책이었던 테첼의 유명한 말이 있지요. "면벌부를 사기 위해 넣은 당신의 은화가 헌금함 바닥에 떨어져 짤랑 소리가 나는 순간, 당신의 죄가 용서받을 뿐만 아니라 연옥에 있던 당신 부모의 영혼까지 천국으로 향합니다! 면벌부를 사면 마리아를 범하는 죄라 할지라도 용서받을 수 있습니다!" 이처럼 중세는 신의 이름으로 인간을 억압하는 세계였으므로 암흑이었다고 볼 수 있겠습니다.

가톨릭 교회가 신자에게 고해성사 이후에도 남아 있는 벌의 일부 혹은 전체를 사면해 주었음을 증명하는 문서이다. 루터의 '95개 조 반박문' 이후 종교개혁의 실마리가 되었고, 트리엔트 공의회(1545~1563년)에서 남용을 규제하면서 서서히 사라졌다.

본명은 조반니 디 로렌초 데 메디치이다. 재위 기간 중에 성 베드로 대성전의 건축 기금을 마련하기 위하여 면벌부(대사) 판매를 승인했으며, 이로 인하여 마르틴 루터가 95개 조 반박문을 게시하여 1517년에 종교개혁이 촉발되었다. 한편으로 그는 메디치의 후손답게 문화와 예술을 적극 후원하는 문화적 소양이 깊은 인문주의자였고, 고아, 빈민, 장애인, 환자 등 소외계층에게 선정을 베푼 자비로운 인물이기도 했다.

▲ 테첼이 면벌부 장사를 하고 있는 장면

© wikipedia

**너반대** — 네, 잘 들었습니다. 나찬성 님께서 신과 인간의 관계에서 연옥의 탄생과 문제점을 잘 지적해 주셨습니다. 중세 연옥의 개념은 분명 고대와 근대에는 없는 새로운 개념이고, 중세인의 현세와 사후 세계를 절대적으로 지배한 것은 사실입니다. 하지만 어느 시대나 미신적이고 비이성적인 믿음이 존재하므로 연옥 신앙만으로 중세시대를 암흑으로 평가하기에는 무리가 있습니다. 중세와 비교하여 근대의 빛으로 평가되는 '르네상스' 시대의 예술과 문화의 발달은 연옥 신앙과 관련이 있습니다. 앞서 토론자 님께서 말씀하신 것처럼 살아 있는 자들의 기부는 교회의 자산이 되어 문화 사업에 아낌없이 투자되었습니다. 르네상스의 후원자 메디치 가문은 상업, 이자 수익 등 세속적으로 번 돈 때문에 연옥의 고통에 빠질 것을 염려하여 교회에 엄청난 기부와 예술 활동을 후원한 것입니다. 그리고 중세 교회는 교육, 행정, 학문, 사회복지 등을 담당하는 공공 기관에 가까웠습니다. 교회는 또한 살아 있는 자들의 기부로 고아원, 요양원 등 오늘날의 복지 시설을 운영하기도 했습니다. 그리고 은행, 종합병원, 연금제도 등도 중세 때 생겨났습니다. 이런 측면에서 볼 때, 중세는 암흑이 아니라 근대의 빛을 준비하고 있던 시대라고 볼 수 있습니다.

#토론을 듣고 있던 하위징아와 부르크하르트

**하위징아** — 어려운 연옥 개념을 잘 정리하고 있네요? 너반대 학생의 주장이 설득력 있습니다. 제가 그래서 중세시대를 "겨울이 아니다. 중세는 마치 분명 저물어 가지만, 마지막으로 그 아름다운 붉은 석양을 남기는 가을처럼 아름다운 시대였다"라고 표현했지요. 어둠 속에서 서서히 빛을 준비해 온 시간, 즉 중세는 중세 나름의 의미 있는 시간이지요.

**부르크하르트** — 토론을 들으니 내가 죽고 난 후 새로운 역사적 논의가 많이 진행되었군. 그렇다 하더라도 르네상스인은 비종교적이며 자유분방한 존재, 즉 "지옥에서 나온 당당한 죄인, 악마적이며 자기만족적이고 후안무치한 '이상한 인간', '독보적인 인간'"이었다는 내 평가는 변함이 없다네. 다른 주제에 관한 논의도 궁금하군. 계속 토론을 들어 보자고.

**자크 르 고프** — 선배님들, 이런 재미있는 곳에 두 분만 오셨군요. 저도 급히 쫓아 왔습니다. 20세기를 대표하는 중세 연구자인 제가 이 자리에 없으면 섭섭하지요. 저도 21세기 학생들의 중세관이 매우 궁금합니다. 다음 주제는 사회경제에 관한 논의라지요? 기대가 큽니다.

---

주제 2
## 중세의 사회경제는 폐쇄적이었는가

---

**사회자** — 주제 1은 중세의 신과 인간의 관계를 연옥을 통해서 살펴본 토론이었습니다. 이번에는 로마 멸망 이후 중세의 사회경제가 폐쇄

적이고 비인간적이었는가에 대한 논의를 진행하겠습니다. 먼저, 나
찬성 님의 주장을 들어 보겠습니다.

**나찬성** —— 중세의 경제 상황을 짚어 보겠습니다. 로마 몰락 이후 도시
는 붕괴되고, 장원을 울타리로 하는 농촌 경제가 시작됩니다. 도시
의 특징인 인구 집중, 상업과 교통의 발달 등이 로마 시대에 비해
퇴보했습니다. 장원 안의 농노들은 거주 이전의 자유가 없었고, 결
혼조차 영주의 허락을 받아야 했습니다. 사망 시에도 사망세를 내
야 했지요. 왜냐하면 소속 농노가 다른 영지로 가거나 사망할 경우
영주가 인두세[7]를 받을 수 없기 때문입니다. 영주에 대한 의무 외
에 교회에도 십일조와 의무적인 부역노동을 해야 했습니다. 인구
의 90%에 해당하는 중세의 농노는 영주와 교회라는 이중적인 지배
층에게 예속된 부자유로운 존재였지요. 영양실조와 열악한 위생 환
경으로 농노의 평균 수명은 30세이며 8세 때부터 노동을 시작했습
니다. 잉여생산물이 많지 않아 봉건적인 경제 체제가 유지되었지
요. 물론 10세기 이후 경작지의 확대로 농업 생산력이 증대하고, 도
시가 일부 형성되기도 했지만, 십자군 전쟁 이후 13세기 말 14세기
에는 개간의 한계, 지력의 고갈, 부역노동의 비효율성 등으로 경제
적인 발전이 더뎠습니다. 영주들은 봉건적 반동으로 농민들을 더욱
착취하여 그들의 자유를 억압하였습니다. 도시에서는 길드의 규제
강화로 상인과 수공업자, 주인과 직인 간의 갈등이 심화되어 도시
폭동이 일어나기도 했습니다. 이처럼 14세기 중세의 상황은 개인의
자유를 억압하고 구속했던 시기였습니다.

사람 머릿수에 맞추어 걷는
세금을 말한다. 중세에는 농
노가 영주에게 소속되어 있
다는 표시로서 영주에게 바
치는 신분세이다. 중세 농노
는 남자든 여자든 성인이면
누구나 매년 일정 액수를 영
주에게 인두세로 지불해야
했다.

사회적으로는 첫 번째, 흑사병[8]을 예로 들겠습니다. 중세의 몰락을 촉진한 흑사병의 발병 원인과 치료 방법을 보시면, 이 시대의 '암흑'을 발견할 수 있을 것입니다. 흑사병은 유럽 인구의 1/3을 죽인 인류 역사상 가장 무서운 질병입니다. 흑사병이 이렇게 치명적이었던 이유 중 하나는 중세 유럽의 불결함 때문입니다. 하수도 시설의 미비, 위생 관념의 부재, 사혈로 대표되는 비과학적인 의료술 등입니다.

두 번째, 중세 교회의 마녀재판 역시 중세의 어두운 모습입니다. 8세기 프랑크 왕국 카를 대제의 칙령으로 등장한 마녀의 존재[9]는 중세 종교재판의 표적이었고, 백년전쟁의 영웅인 잔 다르크조차 마녀재판을 받고 화형당했습니다. 마녀사냥의 희생자들은 주로 가난하고 소외된 여인들이었습니다. 때로는 조산부, 약초 전문가 등 의학적 지식을 가진 현명한 여성들이 대상이 되기도 했습니다. 예로서 기형아는 사탄이나 악마가 산모 몰래 낳게 만든 아기라고 여겼습니다. 마녀 짓이라는 거지요. 아울러 13세기 중엽부터 종교재판에는 마녀를 증명하기 위해 고문을 동원했습니다. 고문의 끔찍한 과정을 나열하기는 어렵습니다만 대단히 잔인한 방법이었습니다. 이 같은 광신도적인 마녀재판은 중세를 더욱 음울하게 만들었습니다.

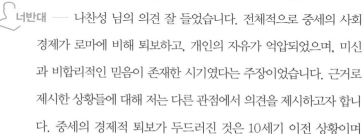 **너반대** — 나찬성 님의 의견 잘 들었습니다. 전체적으로 중세의 사회 경제가 로마에 비해 퇴보하고, 개인의 자유가 억압되었으며, 미신과 비합리적인 믿음이 존재한 시기였다는 주장이었습니다. 근거로 제시한 상황들에 대해 저는 다른 관점에서 의견을 제시하고자 합니다. 중세의 경제적 퇴보가 두드러진 것은 10세기 이전 상황이며

페스트균에 의해 발생하는 급성 열성 전염으로 페스트라고도 한다. 페스트균은 숙주 동물인 쥐에 기생하는 벼룩에 의해 사람에 전파된다. 1348〜1350년 가장 극심했다.

카를 대제는 자신이 내린 칙령에서 마녀를 신봉하는 자에게 사형을 선고했다. 이 시기 마귀의 모습은 구체화되지 않았는데 13세기에 인간과 유사한 모습으로 묘사되었다.

상인이 환전 활동을 할 때 자리 잡던 계산대를 이탈리아 말로 방코(banco)라고 불렀던 데서 은행이라는 말이 유래하였다.

11세기부터는 변합니다. 12세기 이후에는 상인과 환전상[10]이 나타나는 등 이전과 다른 양상을 보이지요. 언급하신 것처럼 14세기에 다시 경제적 어려움에 처하지만 길드의 규제에서 벗어나 합리적 기업방식을 운용한 대상인들, 화폐라는 새로운 형태의 부를 통해 봉건적 경제 체제를 붕괴시키고 자본주의적 요소들이 성장해 갔던 시기이기도 합니다. 아울러 봉건적인 경제 체제를 비판하셨는데, 오늘의 관점과 비교하면 분명 억압적 체제이기도 하지만, 억압뿐 아니라 농노를 보호하는 장치도 함께 마련되어 있었습니다. 중세인의 노동시간과 휴일을 보면 오히려 요즘보다 환경이 좋은 측면도 있습니다. 프랑스혁명 직전의 구체제하에서의 공식 휴일은 180일이었다고 합니다.

암흑론의 두 번째 근거로 제시한 흑사병은 근대적인 발전을 가져오기도 했습니다. 인구의 격감은 농산물 가격 하락과 노동력의 상승으로 이어져 농민의 지위가 향상된 반면 봉건 귀족의 힘을 약화시켰습니다. 르네상스가 시작된 도시 피렌체를 예로 들면, 이곳은 흑사병의 피해가 가장 심했던 곳입니다. 그럼에도 이곳에서 르네상스를 꽃피웠습니다. 의학적인 지식 역시 중세시대 모두가 암흑인 것은 아닙니다. 예언가로 알려진 노스트라다무스는 의사로서 당시 만연하던 사혈을 금지하고 위생과 청결을 강조했습니다. 현대의 위생 개념은 19세기 이후에서야 등장하므로 중세에 국한하여 위생 상태가 미개했다고 단정하기는 어렵습니다. 그리고 마녀재판은 중세 이후 근대기인 18세기까지 자행되었으므로 중세만의 문제가 아닙니다. 프로

테스탄트 개종 국가에서도 일어났으며, 마녀재판이 체계화된 시기는 과학혁명과 계몽주의가 발생한 17세기였습니다. 마녀재판은 중세의 미신과 종교적인 문제가 아니라 다른 차원에서의 논의가 필요한 것으로 보입니다.

**나찬성** — 네, 너반대 님의 주장을 충분히 이해합니다. 하지만 중세 말에 농민의 처지가 개선되고, 근대적인 행보를 보였다면 왜 유럽 각지에서 농민의 저항들이 일어났을까요? 프랑스 자크리의 난,[11] 영국 와트 타일러의 난,[12] 이탈리아 치옴피의 난[13] 등 말입니다. 농민들의 봉기는 영주와 지배층의 잔인한 처벌과 보복으로 끝이 났지요.

**너반대** — 저는 농민의 봉기 역시 중세적 인간이 근대적 인간으로 가는 모습으로 파악하고 싶습니다. 즉, 인간적 각성이 일어난 것이지요. 봉건 영주들은 직업적인 군인이었으나 농민들은 전쟁 경험이 없는 사람들이었으므로 싸움에서 이기기 쉽지 않았을 것입니다. 하지만 농민 봉기의 희생을 발판 삼아서 시민혁명의 힘을 준비했다고 생각합니다.

**사회자** — 네. 역사라는 것은 같은 상황, 같은 사건이라도 다른 해석이 존재하는 것 같습니다. 이러한 논의로 우리가 역사를 바라보는 다양한 시각을 발전시키는 것이 오늘 토론의 중요한 목적이라고 생각합니다.

\#토론을 듣고 있던 세 명의 학자, 휴식 시간에 대화를 나눈다.

1358년 북프랑스에서 일어난 농민의 저항운동이다. 백년전쟁 당시 용병들의 약탈, 영주의 착취, 인두세 등이 원인이 되어 일어났으나 2주 만에 귀족들에게 진압되었다. '자크리'는 농민을 이르는 '자크'에서 유래한 말이다.

1381년 영국 동남부에서 농노제 폐지 등을 요구하며 일어난 농민의 저항운동이다. 주도자인 타일러가 살해됨으로써 실패로 끝났으나, 영국의 농노제 폐지에 결정적 역할을 하였다.

1378년 이탈리아 피렌체에서 일어난 하층 노동자들의 저항이다. 치옴피는 하층 노동자를 뜻한다. 지도자 미켈레는 체제를 뒤집고 수공업자와 치옴피를 포함한 정부를 만들어 자신이 통령이 되고자 했다. 하지만 1382년 상층 시민의 반격으로 추방되었다.

**자크 르 고프** —— 변화는 결코 단번에, 모든 방면에서, 단 한 곳에서 일어나지 않습니다. 그래서 제가 긴 중세를 말했지요. 농촌에서 기근이 사라진 것은 19세기였습니다. 부르크하르트 선생님이 르네상스를 너무 치켜세우시면서 중세를 암흑으로 보신 게 중세를 객관적으로 바라보는 데 걸림돌이 된 것 같습니다.

**부르크하르트** —— 내가 살았던 19세기는 유럽이 팽창할 때라네. 역사의 진보와 발전을 믿고 유럽이 왜 이렇게 발전했는가의 설명이 필요했지. 나는 이탈리아 르네상스에서 그 원인을 찾았어. 서구가 제1, 2차 세계대전을 일으키는 흉악한 전범이 될지 어떻게 알았겠는가? 지금에야 서양과 근대를 비판적으로 보지만, 그때는 근대 문명이야말로 진보의 상징처럼 보였다네.

**하위징아** —— 부르크하르트 선생님께 학문적 영향을 받은 저로서는 선생님의 문화사적 방법론을 높이 평가합니다. 하지만 중세가 단절된 시대로서 존재한다는 견해에는 반대하지요. 고대와 중세, 중세와 근대 사이에 낀 중세가 단절된 것이 아니라 서로 연속적으로 연결되어 있다고 생각합니다. 다음 토론 주제는 학문과 예술이지요? 단테 어르신과 토마스 아퀴나스 어르신도 여기 오시면 흥미로워하실 텐데 연락드려 볼게요.

\# 단테와 토마스 아퀴나스, 어느새 토론장에 함께 자리하고 있다.

**아퀴나스** — 중세철학 하면 나지, 스콜라 철학! 오랜만에 라틴어로 한마디 하지, Deus caritas est(신은 사랑이다).

**단테** — 중세 예술 하면, 또 저 아닙니까? 다들 아시죠? 저는 라틴어 대신 이탈리어로 말하겠습니다. l'amor che move il sole e l'altre stelle(태양과 다른 별을 움직이는 사랑).

\# 다섯 명의 학자, 토론을 기다린다.

**사회자** — 중세 유럽은 암흑이었는가에 대한 마지막 주제, 학문과 예술 분야 토론을 진행하겠습니다. 찬성 입장부터 말씀해 주십시오.

**나찬성** — 중세의 학문과 예술은 기독교[14]를 빼고는 논할 수 없습니다. 중세의 일상과 생각, 문화에 기독교는 지대한 역할을 했습니다. 중세의 철학은 '신학의 시녀'라고 합니다. 중세 철학은 진리 탐구가 아니라 신의 존재를 증명하고 기독교 교리를 설명하는 데 초점이 맞춰져 있습니다. 십자군 전쟁으로 이슬람이 보존한 아리스토텔레스[15]의 철학을 수용하면서 신앙과 이성의 조화가 쟁점으로 떠올랐지요. 또한 보편논쟁과 유명론[16] 등 여러 논쟁을 이어 왔습니다. 토마스 아

로마교회는 중세 유럽인들의 모든 생활을 관장했다. 탄생, 결혼, 신앙, 죄의 고백과 사면, 죽음과 장례, 성직자 성품의 7성사는 중세 유럽인들의 영혼을 구제하여 천국으로 인도하는 일이었다. 또 중세 유럽인들은 교회를 중심으로 공동체에 결속되었다. 교회의 통제를 벗어나는 사람은 공동체의 일원이 될 수 없고, 파문의 대상이 되었다.

그리스 철학자인 아리스토텔레스는 스승인 플라톤의 이데아론을 받아들이면서도 지각할 수 없는 이상의 세계가 아니라 발 딛고 있는 현실 세계를 더 중요하게 여겼다. 인간의 지성과 이성으로 진리를 탐구해야 한다고 주장했다.

보편논쟁은 고대 철학에서 중세 철학으로의 이동과 당시의 정치 상황, 그리고 기독교의 흥망성쇠를 담고 있는 약 천 년 동안의 논쟁이다. 플라톤에서 시작된 이데아론은 아리스토텔레스에서 다른 노선을 밟았고 두 노선은 각각 실재론과 유명론이라는 갈래를 만들어 냈다. 실재론을 받아들인 기독교의 흥망성쇠와 함께 실재론도 약화되었다. 반면, 유명론은 종교의 시대로 대변되는 중세 말기에 사람과 이성을 강조하는 르네상스와 계몽주의 시대를 열었다.

퀴나스는 『신학대전』으로 인간 일상의 경험적 사실이나 교회의 정통적 교리를 포괄하는 종합체계를 이룩하여 스콜라 철학을 완성했습니다. 하지만 아퀴나스는 인간, 자연, 신은 위계가 존재하며, 세속 권력에 대한 교권의 우위를 주장했습니다. 합리적인 사유 역시 신에 대한 믿음이라는 최종 목적을 위한 통로로 인정하였지요. 결론적으로 종교가 인간의 이성을 속박하였기 때문에 중세는 철학의 암흑시대입니다. 고대 그리스의 플라톤과 아리스토텔레스의 철학에서 곧바로 인간의 이성을 강조하는 데카르트가 등장하면서 다시 철학이 되살아납니다. 근대 철학의 시작이지요. 다시 말해 중세는 철학이 없는 시대입니다.

**너반대** — 나찬성 님의 주장 잘 들었습니다. 이슬람이 보존한 아리스토텔레스 철학을 수용한 스콜라 철학의 형성과 한계를 잘 짚어 주셨습니다. 중세의 긴 시간 동안 종교가 우위였던 점은 사실입니다. 하지만 중세 철학이 암흑이라고 단정하기에는 억울한 측면이 있습니다. 종교가 중세인의 일상을 모두 지배한 그 시대의 관점에서 바라볼 필요가 있습니다. 당시에는 신학이 곧 철학이었습니다. 중세 신학이 없었다면 고대 그리스의 학문이 보존되지도, 계승되지도 않았을 것입니다. 신학에 대한 탐구는 중세 대학의 발달로 이어져 학문이 발전할 수 있었습니다. 지금도 세계적 명문대학인 이탈리아의 볼로냐 대학, 프랑스의 파리 대학, 영국의 옥스퍼드 대학 등이 12세기에 설립되어 의학, 법학, 신학 등을 가르쳤습니다. 중세 대학의 기능과 역할은 논지에서 벗어나므로 생략하고, 논의의 초

점을 나찬성 님이 중세 암흑론의 근거로 제시한 아퀴나스의 스콜라 철학에 두고 말씀드리죠. 근대 시민혁명은 자연권에 기반하여 일어났습니다. 자연권이 침해당하면 저항할 수 있다고 했지요. 아퀴나스 역시 자연법을 주장하면서 인간이 만든 법(실정법)이 자연법을 위배할 경우 법으로서의 정당성을 상실한다고 했습니다. 그는 이성적인 통치의 중요성을 제시하며, 자연법 사상의 기초를 마련했습니다. 그는 엄연한 중세인으로서 중세 세계관인 신의 존재는 부정할 수 없었습니다. 하지만 그의 사상은 근대 자연법의 창시자인 그로티우스에게 영향을 미칩니다. 그로티우스는 신이 아닌 인간 이성에 기초를 둠으로써 자연법을 세속적 개념으로 정착시켰지요. 만약 아퀴나스의 자연법이 없었다면 그로티우스가 등장할 수 있었을까요? 중세 철학의 연결고리를 가지고 근대 철학이 시작되었습니다. 그러므로 중세를 학문과 철학의 암흑이라고 볼 수 없습니다.

**나찬성** —— 네, 잘 들었습니다. 저는 신보다 인간이 중심이어야 한다는 근대적 관점에서 중세를 판단한 것 같습니다. 중세의 관점에서 보자면 아퀴나스의 사상은 근대를 준비하고 있었네요. 빛은 항상 어둠과 함께합니다. 저는 어둠의 측면을 강조했습니다. 너반대 님 덕분에 아퀴나스 사상에 대해 많이 배웠습니다만, 신학이 절대적인 시대였다는 제 평가는 변함이 없습니다.

**사회자** —— 방청석에서 질문이 들어왔네요. 김 선생님의 질문입니다. '두 분 토론에서 아리스토텔레스 철학의 부활이 중요하게 언급되었습니다. 그렇다면 애초에 아리스토텔레스를 보존한 이슬람 문명에 근대 유럽문화의 뿌리가 있다고 봐도 될까요?'라는 질문입니다. 답변 부탁드립니다.

**너반대** — 제가 답변하겠습니다. 이슬람 문명은 아리스토텔레스의 저작을 아랍어로 번역하고 독창적인 해석을 하는 등의 연구를 진행했습니다. 그러나 이슬람 문명은 중세 유럽과 달리 이러한 지적 유산을 후세대에 물려주지 못했습니다. 이슬람에서는 아리스토텔레스 연구자가 10여 명에 불과한 반면, 중세 유럽에서는 앞서 말한 중세 대학을 통해서 1,000여 명의 학생이 토론하고 그 내용을 책으로 써서 도서관에 보관했지요. 15세기 중반에 출현한 금속활자 인쇄술의 발달은 중세 유럽의 지적 확산을 더욱 촉진시켰다고 볼 수 있습니다. 그러므로 근대의 발전은 중세 유럽의 문화적 토대 위에서 이뤄졌다고 볼 수 있겠습니다.

**사회자** — 네, 답변 감사합니다. 이제 논의의 마지막 주제인 중세 예술을 논할 차례입니다. 나찬성 님 발언해 주십시오.

**나찬성** — 근대의 시작인 르네상스가 중세와 다른 점은 세속화와 개인의 발견에 있습니다. 저는 르네상스의 관점에서 중세 예술의 한계를 지적하고자 합니다. 반복되지만 중세는 기독교가 지배했고, 중세 예술은 예술품이 아니라 성서의 가르침을 전파하기 위한 수단이었습니다. 때문에 중세 예술을 대표하는 것은 교회와 수도원의 건축과 그 장식입니다. 다음 작품을 함께 보시죠.

11세기 독일 힐데스하임 대성당 문에 새겨진 아담과 이브의 모습입니다. 중세 인간의 전형적인 형상입니다. 아담은 이브를, 이브는 뱀

▲ 힐데스하임 대성당 문에 새겨진 「타락한 아담과 이브」, 1015년경

을 비난하며, 벌거벗은 채 부끄러워하죠. 이들의 모습을 미켈란젤로의 다비드와 비교하면 육체에 대한 중세인의 관점을 잘 알 수 있을 것입니다. 또 중세 미술작품에는 현실의 사실적 묘사나 화가의 자율성이 없었습니다. 종교적인 또는 정치적인 필요에 따라 만든 제조품에 불과합니다. 대부분의 작품이 이름이 전해지지 않은 장인의 생산품입니다. 그리고 르네상스 시대 미술가들의 전기를 쓴 바사리는 중세의 고딕 미술을 미개하고 야만적인 것이라고 표현했습니다. 바사리처럼 고딕 예술이 미개하거나 미적으로 뒤처진다는 의견에는 동의하지 않지만, 중세 예술에 인간은 없고 오로지 신에 종속되었다는 점은 비판하고 싶습니다. 예술가가 예술가로서 인정받은 것은 르네상스 때이며, 이때부터 종교에서 벗어나 세속적인 주제와 개인의 발

▲ 작자 미상, 「윌튼 두 폭 제단화」로 알려진 「수호성인 세례 요한, 성 에드워드, 성 에드문드의 중재로 성모자를 알현하는 리처드 2세」(1399년경). 패널 두 개가 책처럼 접히는 방식으로 제작되었으며, 한쪽 에는 성인의 이미지를, 다른 쪽에는 작품 의뢰인의 초상을 그렸다.

견이 이뤄집니다. 르네상스 시기인 1399년경의 작품 「윌튼 두 폭 제
단화」를 보더라도 중세 예술의 특징이 보입니다. 비사실적인 묘사,
정형화된 상징, 익명성 등의 특징 말입니다. 따라서 예술사적 측면
에서 중세 예술은 신의 절대적 권위 아래 인간성이 완전히 멸시당했
던 어둠의 시대였습니다.

**사회자** — 네, 종교에 예속되어 예술 본연의 가치보다는 기독교 이념을
전파하기 위한 수단에 불과했고, 르네상스 시대에 다시 예술이 그
지위를 되찾았다는 주장입니다. 이 주장에 대해 너반대 님 반론 제
기해 주십시오.

**너반대** — 네. 저는 중세의 예술을 '고딕'으로 폄하한 점에 분명히 반대

합니다. 바사리처럼 르네상스 시대 이탈리아인들은 고트족이 로마제국을 붕괴시킨 사실을 알고 있었습니다. 그들은 위대했던 로마의 재생을 염원하면서 중세의 미술을 야만적이라는 의미로 고딕 미술이라고 불렀죠. 즉, 고딕 미술의 기술적 진보, 미적 아름다움을 평가하지 않고, 중세 문화를 저평가했습니다. 이러한 견해가 꽤 오랫동안 지속되어 중세 암흑론의 한 축이 되죠. 나찬성 님이 르네상스의 관점에서 중세 예술을 비판하셨는데 저도 같은 기준에서 중세 예술의 아름다움과 가치를 말씀드리겠습니다. 나찬성 님은 르네상스 미술의 특징이 세속화와

▲ 얀 반 에이크, 「아르놀피니의 결혼」, 1434년

개인의 발견이라고 하셨는데 중세에도 이런 특징이 발견됩니다. 얀 반 에이크는 15세기 피렌체 화가들과 같은 시대를 살았지만 고딕 양식의 전통을 따르면서 위대한 작품을 완성했습니다. 르네상스 화가들이 원근법과 해부학적 지식, 단축법의 법칙을 통해 인체를 그렸다면, 반 에이크는 디테일한 묘사로 자연의 박진감을 묘사했습니다. 제시하는 작품 「아르놀피니의 결혼」을 자세히 보면 강아지의 털이 느껴질 만큼 세부적인 묘사가 뛰어납니다. 원근법 없이 마치 결혼식이 눈앞에 펼쳐질 듯 생생하게 그려 냈습니다. 그리고 반 에이크는 르네상스 화가들이 즐겨 쓰던 템페라[17] 대신 유화를 발명한 화가입니다. 이탈리아 르네상스를 근대의 시작점이라고 강조하시는데, 중세 시기 세 번의 르네상스가 있었고, 12세기는 철학과 신학

템퍼(temper: '원하는 농도로 만든다'라는 뜻)라는 동사에서 유래했다. 물감과 달걀 노른자를 결합시켜 만든 인공유액이다. 프레스코보다 명암법이나 정밀묘사가 가능해 레오나르도 다빈치가 즐겨 사용한 기법이다.

에서 지식 전반의 르네상스가 일어났습니다. 앞서 밝혔듯이 아리스토텔레스의 재발견, 대학의 출현과 함께 기사도를 다룬 '로망(소설)'이라는 새로운 문학이 태어났습니다. 그러므로 근대에 비해 어두운 측면이 있기도 하지만, 12세기 말부터 중세의 학문과 예술은 새로운 시대를 준비하고 있었습니다.

\# 단테와 토마스 아퀴나스, 토론을 듣고 이야기를 나눈다.

아퀴나스 —— '철학은 신학의 시녀다'는 내가 인용한 말인데, 내가 마치 철학을 무시한 듯한 느낌을 주는군. 신학을 뒷받침하는 학문으로서의 철학의 중요성을 강조하기 위해서 이 말을 쓴 거라네. 아리스토텔레스 철학과 신학을 적절히 융합하여 스콜라 철학의 기틀을 튼튼히 하려고 했지. 신학은 철학을 받아들이지 않고서는 나아갈 수 없다는 의도에서 말한 것인데, 반대로 해석되는 경우가 많아 아쉽군. 근대철학을 알리는 '나는 생각한다. 그러므로 나는 존재하다'라는 데카르트 말은 나한테서 영향받은 건데, 존재론에 대한 나의 탐구를 몰라주니 서운하네그려.

단테 —— 신부님, 저는 언급조차 없네요. 제 얘기가 어디서 나올까 기다렸건만, 혼자라도 말해 보지요. 저의 대표작은 『신곡』이고 라틴어가 아니라 이탈리아어로 적었답니다. 저는 마지막 중세인이자 최초의 근대인이라는 평가를 받고 있죠. 하지만 저의 시선은 근대가 아닌 중세를 보고 있답니다. 학생들이 꼭 한번 읽어 봤으면 좋겠네요.

**사회자** ── 긴 토론 감사합니다. 나찬성 님과 너반대 님, 오늘 토론의 마무리 발언 부탁드리겠습니다.

**나찬성** ── 네, 중세 암흑론에서 시작하여 중세 전반에 대한 역사와 문화, 사상에 이르기까지 많은 것을 배운 토론이었습니다. 저는 중세의 암흑론을 지지하는 입장이었는데, 오늘 토론을 통해서 중세가 가진 긍정적인 측면과 새로운 가치를 배웠습니다. 중세는 종교가 지배한 사회로서 근대와 비교할 때 인간의 가치와 의미가 낮았던 것은 사실입니다. 중요한 것은 과거가 아니라 미래입니다. 중세 세계관의 문제점을 살펴봄으로써 종교적 맹목성의 위험과 인간 가치의 필요성을 다시 한번 느낄 수 있었습니다. 그런 의미에서 어둠의 시대를 기억하고, 되풀이하지 말아야 한다는 역사적 교훈을 얻었다고 생각합니다. 함께 토론한 너반대 님께 경의를 표하며, 토론을 통해 서로 성장할 수 있는 시간이었습니다. 감사합니다.

**너반대** ── 네. 토론의 시기를 중세 후반으로 설정했기에 중세 암흑론의 논거 준비가 상대적으로 힘들었을 것이라고 보입니다. 그럼에도 논리적으로 토론에 임해 주신 나찬성 님에게 존경의 뜻을 보내며, 저 역시 다양한 관점에서 중세를 볼 수 있는 귀중한 시간이었습니다. 중세 초기 게르만족의 침입으로 고대 로마 문화가 어느 정도 파괴되고, 10세기 이전까지는 로마에 비해 뒤처졌습니다. 하지만 중세 문화는 로마의 폐허 위에 세워진 침략자 게르만 문화가 아니라, 로마와 게르만의 문화가 융합되어 새로운 시대를 준비한 문화였다는 발언을 끝으로 논의를 마치겠습니다.

**사회자** — 두 분 모두 수고하셨습니다. 좋은 토론 감사합니다. 오늘 이 토론을 통해 중세의 암흑은 중세 전 시기에 해당되지 않고, 긴 시간 동안 발전해 왔음을 알았습니다. 오히려 중세의 암흑이란 우리의 무지를 의미하는 것이 아닐까요? 이 시대를 명확하게 암흑시대라고 단정 지을 수는 없다고 정리할 수 있겠습니다. 긴 시간 감사합니다.

# 하늘에서 온 다섯 명의 학자도 돌아갈 준비를 한다.

**아퀴나스** — 오늘 토론, 대체적으로 잘된 것 같네.

**단테** — 간만에 중세로 돌아간 것 같아 천국에 온 느낌이네요.

**부르크하르트** — 그래도 난, 이탈리아 르네상스가 최고네요. 그렇지만 중세도 어둠만이 있었던 시대는 아니군요.

**하위징아** — 노을이 지는 석양의 풍경이 떠오르는 아름다운 하루였어요.

**자크 르 고프** — 저를 중세로 이끌어 준 『아이반호』를 다시 한번 읽어 봐야겠어요.

# 흑사병과 죽음의 무도

중세처럼 죽음을 깊게 고민한 시대가 있을까요? 중세의 대표적인 전염병인 흑사병(페스트)은 유럽 인구의 3분의 1을 앗아 갔습니다. 온몸이 까맣게 썩으면서 죽기 때문에 흑사병이라고 부른 이 병은 중세를 바꾸어 놓았습니다.

흑사병의 시작에 대해서는 여러 설이 있습니다. 하나의 설을 이야기해 보죠. 1347년 몽골제국의 킵차크 한국은 흑해 연안 크림반도의 카파(지금의 페오도시야)를 포위 공격 중이었습니다. 당시 카파는 제노바의 식민도시이자 상업적 거점이었습니다. 몽골군은 카파성을 무너뜨리기 위해 흑사병으로 죽은 사람들의 시체를 투석기에 담아 성 안으로 쏘아 보냈다고 합니다. 이 전투 후 카파 시내에서는 대역병의 시작을 알리는 감염이 발생했다고 합니다. 이유를 알 수 없는 병으로 사람들이 죽자 제노바 상인들은 배를 타고 이탈리아로 탈출하기 시작했으나 이미 감염된 상태였지요.

제노바 상인이 탄 배를 '죽음의 배'라고 합니다. 그들이 시칠리아에 도착했을 때 이미 많은 사람이 죽었고, 살아 있는 사람조차 온몸에 고름이 가득 차고 피부가 검게 변해 있었다고 합니다. 나라별로 방역과 격리를 잘한 곳은 상대적으로 희생자가 적고, 그렇지 못한 곳은 엄청난 희생자가 나오게 됩니다. 원인과 치료법을 알 수 없고 성직자들도 죽어 나가는 상황에서 종교의 열망은 식을 수밖에 없었겠지요. 한편으로 중세인은 교회가 금기시하던 타락한 행동을 하면서 죽음의 공포에서 벗어나고자 했습니다. 감염의 원인을 유대인에게 돌려 학살이 자행되기도 했습니다.

한편, 중세인은 죽음의 공포를 예술로 승화하기도 했답니다. 성별, 나이, 계층과 상관없이 누구나 죽는다는 보편적인 진리는 미술과 음악으로 표현되었습니다. '메멘토 모리(언젠가 너도 죽을 것을 기억하라)'의 상징인 해골. 종교의 힘조차 해결하지 못한 죽음의 공포는 묘지 비석, 수도원 담, 교회 등지에 그림으로 묘사되었습니다. 인생의 덧없음을 뜻하는 16세기의 바니타스 정물과 19세기 낭만주의 음악과 미술, 그리고 20세기 데미안 허스트에 이르기까지 죽음은 익숙한 예술 소재로 자리매김했습니다.

▲ 미하엘 볼게무트(1434~1519년), 「죽음의 무도」, 1493년

잘 모르겠다고요? 좀 더 우리에게 친숙한 김연아 선수의 프로그램을 소개하겠습니다. 김연아 선수가 연속적으로 세계 신기록을 수립했던 프로그램 이름은 '죽음의 무도'입니다. 배경음악이 생상스의 「죽음의 무도」이기 때문입니다. '죽은자들의 춤'이란 뜻으로 핼러윈에 죽은 자들이 모두 나와 춤을 춘다는 중세 유럽의 전설을 모티프로 창작된 곡입니다. 새벽을 알리는 닭 울음소리로 산산이 흩어져 가는 해골들이 깊은 밤 동안 벌이는 광란의 춤을 생상스는 여러 악기 소리로 표현했습니다. 유령이 세상에 나오는 단 하루, 해골과 유령들이 광란의 춤을 춥니다. 하프가 12시 자정을 알리고 바이올린 소리로 죽은 자들이 깨어납니다. 해골들은 왈츠 리듬에 맞춰 춤을 춥니다. 실로폰의 틱틱거리는 소리는 해골의 뼈들이 부딪히는 소리이며, 오보에의 딱딱 끊어지는 스타카토 연주는 수탉의 울음소리입니다. 닭의 울음으로 광란의 밤은 끝나고 새벽을 지나 아침이 찾아옵니다.

검은 옷을 입은 김연아 선수의 죽음의 무도 연기는 흑사병에서 홀로 살아남은 한 여인의 처절함과 삶의 강인함을 아름답게 보여 줍니다. 죽음의 무도이지만 살아남아야 하는, 삶과 죽음이 함께하는 인생의 모습을 보여 주는 것이 아니었을까요?

# 중세 유럽은
# 암흑시대였는가

**1. 중세를 바라보는 두 시선을 주제별로 정리해 보세요.**

| 주제 | 암흑이다 | 암흑이 아니다 |
| --- | --- | --- |
| 연속과 단절 | | |
| 신과 인간 | | |
| 사회경제 | | |
| 학문 | | |
| 예술 | | |

**2. 중세 유럽에 관한 본인의 생각을 적어 보세요.**

▲ **피터르 브뤼헐**(1525~1569년), **「교수대 위의 까치」, 1568년.** 얼핏 한가로워 보이는 풍경 위에 살벌한 마녀사냥이 행해지는 모습을 그린 그림이다. 당시 마녀사냥이 유럽인의 일상생활에 얼마나 깊숙이 침투했는지를 알 수 있다.

· 쟁점 4 ·

# 칭기즈칸의 몽골제국

— 칭기즈칸, 잔혹한 정복자인가, 세계화의 선구자인가

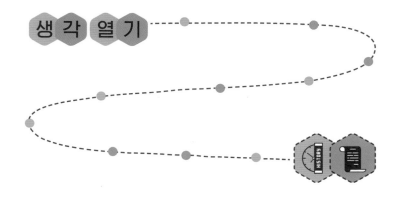

생 각 열 기

여러분은 지난 1,000년 동안 역사상 가장 위대한 인물을 선정한다면 어떤 인물을 뽑겠습니까? 종교 개혁을 이끈 루터, 유럽을 정복한 나폴레옹 등 세계사에 큰 업적을 쌓은 여러 위인이 떠오를 것입니다. 21세기를 얼마 남겨 두지 않은 시점에 「워싱턴포스트」는 '지난 1,000년간 세계사에 가장 큰 영향을 준 인물' 1위로 칭기즈칸을 선정하였고 세계적인 경영자 잭 웰치는 "21세기는 새로운 유목 사회이며 나는 칭기즈칸을 닮겠다"라고 말하였습니다.

▲ 칭기즈칸의 초상화

도대체 칭기즈칸이 어떤 업적을 이루었기에 많은 사람이 칭기즈칸을 위대한 인물로 뽑는 것일까요? 그는 과연 이런 존경을 받을 정도로 세계사에 공헌한 점이 큰 인물일까요? 혹시 우리는 칭기즈칸이 가지고 있는 위대한 정복자라는 이미지에 현혹되어 진실을 바라보지 못하는 것은 아닐까요?

칭기즈칸에 대해 조금 더 깊게 다가가면 그에 대한 평가는 극명하게 둘로 나뉩니다. 칭기즈칸을 부정적으로 평가하는 사람들은 그를 피도 눈물도 없는 잔혹한 살육자이자 정복자라고 주장합니다. 칭기즈칸은 정복 과정에서 자신에게 저항한 사람들을 잔혹하게 살해하고, 마을을 불태웠으며, 심지어는 우물에 돌을 넣어 더 이상 물을 사용할 수 없게 만드는 등 우리가 흔히 말하는 대로 풀 한 포기 남기지 않고 정복 지역을 말살한 잔혹한 인물이었다고 말합니다. 또 마케도니아에서 인더스강 유역까지의 영역을 지배하였던 알렉산드로스나, 탁월한 군사 전략을 통해 유럽 일대를 정복한 나폴레옹처럼 칭기즈칸도 다른 나라를 침략하여 광대한 영토를 지배한 인물에 불과하다고 평가하고 있습니다.

그러나 칭기즈칸을 긍정적으로 평가하는 사람들은 그가 탁월한 리더십을 가지고 민족과 신분이 아닌 능력에 따라 인재를 등용하였고, 항복한 사람들에게 관대하였으며, 정복한 지역의 안전과 종교를 보장하였던 관용 정신을 소유한 인물이었다고 평가하기도 합니다. 또 다른 정복자들과는 달리 정복지의 문화와 관습, 종교를 존중하였으며, 그의 관용 정신은 후대 칸들에 의해 계승되었습니다. 이에 한반도 일대에서 서쪽의 지중해에 이르기까지 유라시아 대륙이 단일한 질서 속에 편입되어 이전 시대에는 볼 수 없었던 활발한 동서 교류가 이루어진 '팍스 몽골리카'를 달성한 세계화의 선구자로 평가받고 있습니다.

몽골제국의 통치 방식에 대해서도 상반된 주장이 존재합니다. 몽골 제일주의 원칙에 따라 소수의 몽골인이 다수의 피지배층을 지배하였고 몽골인이 정부 고위직을 독점하였던 폐쇄적인 제국이었다는 주장이 있는 반면, 몽골제국은 능력만 있으면 민족, 신분에 상관없이 자신의 능력을 마음껏 발휘할 수 있는 개방적인 사회였다는 주장도 있습니다.

　　이처럼 칭기즈칸과 후대 칸들이 세운 몽골제국은 그들이 차지한 광대한 영토만큼이나 많은 논란거리를 낳고 있습니다. 과연 어느 주장이 더 타당할까요? 이제 인류 역사상 가장 넓은 영역을 지배했던 칭기즈칸과 몽골제국에 대한 진실을 알아보기 위한 탐구의 세계로 떠나 볼 시간입니다.

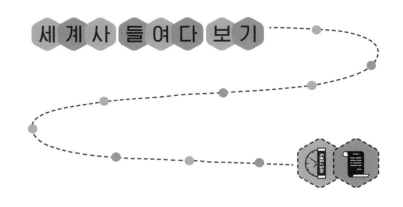

세계사 들여다보기

몽골인의 부족장 회의 제도로 '칸'을 추대하고 국가의 주요 사항을 결정하였다.

유목민을 1천 호 단위로 나누어 천호장이 이끌게 하고, 그 밑에 백호장, 십호장을 임명하였던 군사·행정 조직이다.

칭기즈칸의 어렸을 적 이름은 테무친입니다. 그는 13세기 초 여러 부족이 난립하던 몽골 고원의 유목민을 통합하고 쿠릴타이[1]를 통해 칭기즈칸으로 추대되었습니다. 칭기즈칸은 천호제[2]라는 사회·군사 조직을 정비하고, 이를 토대로 정복 전쟁을 전개하였습니다. 그리고 엄격한 법령을 통해 강력한 군주권을 마련하여 몽골제국의 토대를 닦았습니다.

우선, 칭기즈칸의 일생에 대해 알아볼까요? 칭기즈칸은 지금의 몽골과 러시아를 흐르는 오논강 유역에서 태어났습니다. 그가 살았던 당시 몽골 초원 지대에는 수십 개의 부족과 씨족이 유목 생활을 하며 살아가고 있었고, 이들 유목민들은 때로는 힘을 합치기도 하고, 때로는 서로 경쟁하기도 하였습니다. 테무친 역시 이 경쟁의 소용돌이 속에서 아버지 이수게이가 경쟁 부족인 타타르족에 의해 독살되면서 힘든 시절을 보내게 됩니다. 테무친의 가문은 몰락하였고, 테무친과 그의 가족은 외면당하

▲ 14세기 『집사』에 실린 삽화로, 거침없는 몽골군의 모습이 잘 드러나 있다.

고 버려졌습니다. 그러나 테무친은 자신의 현실에 좌절하지 않고 주변 부족과의 관계를 회복하기 위해 노력하였으며, 자신을 믿고 따르는 사람들을 모아 점차 세력을 키워 나가게 됩니다. 결국 그는 역경을 딛고 1206년 몽골 부족을 통일하였으며, 부족장 회의인 쿠릴타이를 통해 칭기즈칸으로 즉위하게 됩니다.

칭기즈칸은 고난을 극복하고 몽골 부족 최고 지배자인 칸의 자리에 오른 이후 더 넓은 세상으로 눈을 돌리게 됩니다. 우선, 칭기즈칸의 군대는 당시 중앙아시아를 장악하고 있던 호라즘 제국을 공격하여 정복하였습니다. 이후 제2대 오고타이 칸은 금나라를 멸망시켰고, 뒤를 이은 칸들이 러시아와 유럽 일부 지역, 그리고 오늘날 이라크 지역인 바그다드까지 영역을 확대하였습니다. 제국의 5대 칸인 쿠빌라이 칸 시기에는 수도를 카라코룸에서 대도(베이징)로 옮기고 국호를 원으로 정한 후 남송을 멸망시키고 중국 전역을 장악하는 등 유라시아 대륙을 아우르는 거대한 제국을 건설하였습니다.

이처럼 몽골제국의 군대가 강력한 힘을 발휘할 수 있었던 이유는 무엇이었을까요? 무엇보다도 칭기즈칸이 정비한 강력한 군사 조직인 천호제 때문입니다.

> "울루스를 함께 세우며, 함께 행하던 자들에게 1천 호씩 나누어 천호를 맡기는 상을 내리겠다."

칭기즈칸은 몽골 울루스[3]를 1천 호씩 나누어 천호를 조직하고, 그것을 지휘할 천호장을 임명하였습니다. 칭기즈칸과 혈연관계가 있는 인물이 아니라, 칭기즈칸을 도와 싸웠던 충직한 인물이 천호장으로 선정되었기에 강력한 힘을 발휘할 수 있었습니다. 또 각각의 천호는 다시 백호로, 백호는 다시 십호로 나뉘어 각각 백호장과 십호장이 임명되었습니다. 몽골제국 사회·군사 조직의 근간인 천호제는 정복 전쟁을 수행할 때 군사력의 핵심을 담당하였습니다. 천호제라는 강력한 조직을 이끌고 광대한 영토를 누비며 전투를 지휘하는 칭기즈칸의 모습이 상상되시나요?

3
'많은 사람'이라는 뜻의 몽골어로서 몽골의 사람, 민족, 국가를 지칭하는 말이다.

그러나 몽골제국이 세계사에서 중요한 위치를 차지하는 이유가 단지 넓은 영토를 차지했기 때문만은 아닙니다. 우리가 칭기즈칸과 그가 세운 제국을 중요하게 평가하는 이유는 몽골제국 시기 세계 여러 지역이 하나의 교역망으로 연결되어 동양과 서양의 문화가 자유롭게 교류될 수 있었고, 이를 통해 진정한 의미의 세계사가 탄생하였기 때문입니다. 몽골제국은 자신들이 지배하는 광대한 제국을 원활하게 통치하기 위해 교통로를 정비하였으며, 물자를 안전하게 이동시킬 수 있는 제도를 만들었습니다. 이로 인해 각국의 사절이나 관리들이 자유롭게 여러 지역을 여행할 수 있었고, 또 물자 수송이 체계적으로 이루어져 상업이 발달하였습니다. 이를 바탕으로 동양과 서양의 문화가 자유롭게 영향을 주고받으며 '팍스 몽골리카'[4]라 불리는 번영을 누릴 수 있었습니다.

4 '몽골의 평화'를 의미하며, 몽골제국이 광대한 영역을 지배하면서 유라시아에 안정을 가져온 기간을 말한다.

"지방으로 가는 주요 도로들 연변에 25마일이나 30마일마다 이 역참들이 설치되어 있다. 이 역참에서 전령들은 명령을 기다리며 대기 중인 300~400마리의 말을 볼 수 있다. …… 이러한 방식으로 대군주의 전령들은 온 사방으로 파견되며, 그들은 하루 거리마다 숙박소와 말들을 찾을 수 있다. 이것은 정말로 지상의 어떤 사람, 어떤 국왕, 어떤 황제도 느낄 수 없는 최대의 자부심과 최상의 웅장함이라고 할 수 있다."

중앙과 지방 사이의 명령이나 공문서 전달 및 관리들의 공공 업무 수행을 뒷받침하기 위해 설치된 교통 통신 기관을 말한다.

마르코 폴로가 남긴 『동방견문록』에 기록되어 있듯이 몽골 제국 시기 이루어진 활발한 동서 교류는 여러 지역을 원활하게 연결해 주는 교통과 통신의 네트워크라 할 수 있는 역참[5]에 힘입은 것입니다. 몽골인들은 말을 타고 이동하면서 중간마다 휴식을 취하거나 말을 갈아탈 수 있는 역참을 설치하였습니다. 역참이 설치된 이 루트를 통해 사신과 상인들이 음식과 숙소를 제공받으며 안전하게 여행을 할 수 있었습니다. 중국에 설치된 역참만 해도 1,400개이고, 말 5만 필이 준비되었다고 하니 그 규모가 대단했음을 알 수 있습니다.

세계를 잇는 길이 만들어지니 아시아와 유럽을 관통하는 여행이 쌍방향으로 이루어져 유럽인들이 동아시아 지역까지 방문하는 일이 많아졌습니다. 카르피니, 루브룩, 코르비노와 같은 선교사들이 역참을 이용하여 중국을 방문하였고, 베네치아 상인 마르코 폴로, 모로코 출신 여행가 이븐 바투타 등도 중국을 다녀갈 수 있었습니다. 또 몽골제국은 교역로를 통한 무역 장려에도 힘써 패자라는 신분증을 나누어 주어, 패자를 가진 사람은 제국 전체를 여행하면서 보호를 받고 편의 시설과 교통수단을 이용할 수 있었으며, 세금도 면제받을 수 있는 특권을 부여했습니다. 이처럼 몽골제국 시기에는 자유롭게 교류가 이루어질 수 있었고, 이를 통해 중국의 화약, 나침반, 인쇄술 등이 서양에 전해지고, 이

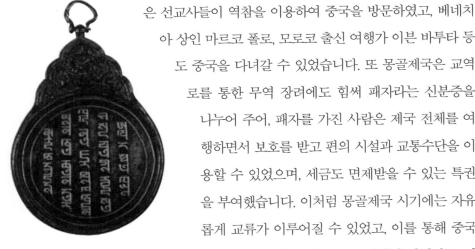

▲ 역참 이용에 필요한 통행증인 패자

슬람의 천문학과 수학 등이 중국에 알려져 동서양의 문화 교류가 활발히 이루어졌습니다. 그동안 단절되어 각자 발전하고 있던 세계의 여러 지역이 유기체처럼 하나로 묶여 서로 영향을 주고받으며 발전하는 진정한 의미의 세계사가 탄생하게 된 것이죠.

우리가 몽골제국에서 또 하나 주목해야 할 점은 몽골제국이 문화의 다양성을 존중하는 정책을 펼쳤다는 것입니다. 우리는 세계사에 존재했던 많은 국가가 강력한 군사력을 바탕으로 주변 지역을 정복하고, 이후 자신들의 종교 및 언어, 문화 등을 피정복민에게 강요한 사실을 알고 있습니다. 이러한 피정복민에 대한 강압 통치는 결국 반란으로 이어져 빠른 시간 안에 국가가 급격히 몰락하는 사례 역시 많았습니다. 그러나 몽골제국은 다른 왕조나 국가와 달리 각 지역의 종교, 문화, 관습 등을 존중하는 정책을 펼쳤고, 심지어는 몽골인이 그 지역의 종교를 받아들여 피정복민들과 동화되기도 하였습니다. 몽골인은 자신의 고유한 문화나 제도를 피정복민에게 강요하지 않았으며, 다른 문화와 제도, 기술을 받아들이는 것에도 수용적인 태도를 보였습니다. 몽골인이 정복 전쟁을 전개하면서 군사 기술 및 전략, 전술의 혁신이 가능했던 것도 바로 이 문화 수용의 개방성 때문이었습니다. 관용 정책이야말로 몽골제국의 힘을 가장 잘 보여 주는 특징이라 할 수 있으며, 이는 결국 서로 다른 지역의 문화가 자연스럽게 융합될 수 있는 계기가 되었습니다.

　과연 칭기즈칸과 그의 제국은 동서 문화의 교류를 통해 세계화를 이끌었던 위대한 제국이었을까요? 아니면 정복 활동을 통해 수많은 사람을 살상하고, 다른 민족을 가혹한 방식으로 통치한 제국이었을까요? 이 궁금증을 풀기 위한 토론 속으로 들어가 봅시다.

# 칭기즈칸, 잔혹한 정복자인가,
# 세계화의 선구자인가

주제 펼치기

칭기즈칸은 정복 활동 과정에서 자신의 지배에 저항하는 사람들을 피도 눈물도 없이 가혹하게 제거한 잔혹한 모습의 통치자로 평가받기도 하고, 다른 한편 탁월한 리더십을 발휘하며 동시대에는 볼 수 없는 통치술을 펼쳤던 인물로 평가받기도 한다. 도대체 칭기즈칸의 진정한 모습은 무엇일까?

또 칭기즈칸이 건설한 몽골제국은 어떠한 통치 정책을 실시하였기에 이전의 세계 제국과는 달리 오랜 시간 동안 안정을 유지할 수 있었을까? 왜 마르코 폴로, 이븐 바투타 등 위대한 탐험가들이 몽골제국이 세계를 지배하던 시기에 등장할 수 있었을까? 많은 사람이 칭기즈칸과 그가 세운 몽골제국을 세계화의 선구라고 칭송하는데, 칭기즈칸은 과연 이런 평가를 받을 만한 위대한 인물이었을까? 아니면 우리가 과거의 기억들을 아름답게 생각하듯이 칭기즈칸에 대한 평가도 과장된 것은 아닐까? 이러한 논란을 해소하기 위해 '칭기즈칸과 몽골제국'을 주제로 한 토론을 준비하였다. 자유로운 토론을 통해 칭

기즈칸과 몽골제국에 대한 이해의 폭을 넓히는 시간이 되기를
바란다.

**사회자** —— 안녕하세요. 저는 이번 토론의 사회를 맡은 김중립입니다.
이번 세계사 토론 주제는 '칭기즈칸, 잔혹한 정복자인가, 세계화의
선구자인가'입니다. 이번 토론을 위해 특별히 한국대 몽골학과 나위
대 교수님과 아시아 역사 연구소 김원칙 소장님을 모시고 말씀 들도
록 하겠습니다. 먼저, 이번 주제에 대한 자유 발언 부탁드립니다.

**나위대** —— 네, 제가 먼저 발언하겠습니다. 칭기즈칸은 어렸을 적 힘든
시련을 겪으면서도 자신이 처한 상황에 좌절하지 않고, 이를 극복
하기 위해 노력하여 결국 칸의 자리에까지 오른 인물입니다. 더구
나 그는 기마 군단을 이용한 기동력을 바탕으로 탁월한 전략, 전술
을 구사하고, 적의 심리를 이용하는 심리전을 펼치는 등 탁월한 군
사적 역량을 발휘하여 몽골 초원 일대를 넘어서 아시아와 유럽에
이르는 광대한 영역을 지배하였습니다. 칭기즈칸은 알렉산드로스
도 나폴레옹도 이루지 못한 대제국을 건설한 불세출의 영웅입니다.
병사들과 동고동락하며 신분에 상관하지 않고 능력만 있다면 과감
히 인재를 등용하였으며, 주위 사람들과 끊임없이 소통하면서도 필
요할 때는 과감하게 결단을 내릴 줄 아는 우리 사회가 필요로 하는
리더의 자질을 갖추고 있었던 인물이라 할 수 있습니다.

**김원칙** —— 하하, 나 교수님은 칭기즈칸에 너무 푹 빠져 있는 것 같습니
다. 저도 칭기즈칸이 역경을 딛고 높은 자리에 오른 사실은 높이 평

가합니다. 그러나 주변 민족을 침략하여 광대한 제국을 건설한 것이 과연 존경받을 일인가에 대해서는 의문이 남습니다. 칭기즈칸이 정복 활동을 벌이는 과정에서 희생된 수많은 사람에 대해 나 교수님의 생각은 어떠한지 궁금해집니다. 당시 몽골군의 침략을 체험했던 아랍 역사가 이븐 알아티르는 몽골군의 침략을 인류에게 덮쳤던 가장 거대한 재난이자 가장 무시무시한 재앙이라 기록하였습니다. 그는 "이 몽골인들은 아무도 남겨 두지 않았고, 어린아이까지 학살하였으며, 이들이 일으킨 재앙이 그리고 이들이 입힌 상처가 사방을 덮었다"라고 몽골군의 잔혹성을 표현하고 있습니다. 이처럼 자신의 목적을 위해 다른 사람의 생명을 아무렇지도 않게 빼앗아 가는 인물을 위대한 영웅이라 할 수 있을까요?

---

### 주제 1
## 칭기즈칸은 잔혹한 약탈자인가

---

**사회자** — 초반부터 토론의 열기가 뜨겁습니다. 그럼 자연스럽게 칭기즈칸의 정복 활동에 대해 이야기를 나누었으면 하는데요. 나위대 교수님부터 칭기즈칸의 정복 활동에 대해 좀 더 구체적으로 말씀해 주세요.

**나위대** — 네, 알겠습니다. 칭기즈칸의 정복 활동에 대해 살펴보기 전에 우선 12세기 몽골 초원 일대의 상황부터 알아보는 것이 좋을 듯합니다. 당시 몽골 초원 일대에는 나이만, 케레이트, 타타르, 오이라트 등 여러 이름으로 불리는 울루스들이 존재하고 있었고, 칭기즈칸의 몽골 부족은 몽골 초원 동북방 변두리에 거주하던 작은 집단이었습니다. 당시 초원 지역 여기저기에 분포한 울루스들은 서로 전투를 벌였고, 몽골 부족 역시 이 분쟁에 휩싸이게 되었습니다. 이 과정에서 칭기즈칸은 아버지 이수게이를 잃기도 하지만, 자신을 위해 헌신하는 사람들을 모으고, 그들과의 결속을 통해 몽골 초원 일대의 여러 유목 집단을 격파하고 마침내 칭기즈칸에 오르게 됩니다. 이후 그는 지금의 중국 북서쪽에 자리 잡고 있던 금나라와 서하를 공격하였고, 중앙아시아를 장악하고 있던 호라즘 제국을 멸망시켰습니다. 원나라의 역사를 기록한 『원사』에 "그의 용병술은 마치 신과 같았기 때문에 나라를 멸망시킨 것이 40개에 이른다."라고 나와 있듯이 칭기즈칸은 뛰어난 군사적 역량을 발휘하였습니다.

**김원칙** —— 나 교수님 말씀 잘 들었습니다. 칭기즈칸의 정복 활동과 용병술에 대해 칭찬의 말씀을 하셨는데, 칭기즈칸이 정복 활동을 벌이는 과정에서 어떠한 일이 있었는지 제가 좀 더 설명하겠습니다. 칭기즈칸은 금나라를 공격하는 과정에서 군인만이 아니라, 노인, 아이 등 죄 없는 사람까지도 잔혹하게 학살하는 모습을 보였습니다. 또 호라즘 원정에 참여하라는 자신의 명령을 어겼다는 이유를 들어 서하의 도시들을 불태우고 주민들을 몰살하였으며, 농사를 위해 필요한 토지와 관개 시설까지 철저히 파괴하여 서하가 다스리던 지역을 더 이상 사람이 살 수 없는 폐허로 만들었습니다. 칭기즈칸은 유목민 특유의 잔혹성을 가지고 서슴없이 사람들을 학살하고 약탈하였으며 노예로 삼는 등 잔혹한 성격을 가진 인물입니다. 과연 이러한 인물이 정복 전쟁을 통해 수많은 국가를 정복하고 광대한 영토를 지배했다는 이유로 위대한 위인으로 평가될 수 있는지 의문이 듭니다.

나위대 —— 네, 김 소장님의 의견 잘 들었습니다. 칭기즈칸이 정복 활동 과정에서 일부 잔혹한 모습을 보인 점은 인정합니다. 그러나 인권과 생명에 대한 관념이 지금과는 다른 과거 시대에 벌어진 칭기즈칸의 정복 전쟁을 현재의 관점에서 판단하는 것은 무리가 있다고 봅니다. 우리가 주목해야 할 것은 칭기즈칸이 정복 전쟁을 수행하면서 보인 리더십입니다. 칭기즈칸은 천호제를 정비하여 서로 다른 유목 집단을 단결시키고, 약탈에만 익숙해 있던 유목 기마 민족들을 규율에 따라 질서정연한 제국의 군대로 편성하였습니다. 또한 그는 편견 없는 리더십을 발휘하여 각지의 인물들을 적재적소에 기용하여 수많은 전투를 승리로 이끌었으며, 새로운 전략을 세우고 정복지의 기술을 습득하는 것에 거리낌이 없는 등 개방적인 사고를 가지고 있었던 인물이었습니다. 또한 항복한 도시와 국가에는 관용 정책을 펼쳐 피정복민의 안전을 보장하는 것은 물론 그들의 문화와 종교를 존중하고, 몽골의 유목 문화와 전통을 강요하지 않았습니다.

김원칙 —— 그럼에도 저는 칭기즈칸과 몽골 군대가 정복 과정에서 보인 잔혹성이 쉽게 가슴에서 지워지지 않습니다. 주베이니가 쓴 『세계 정복자의 역사』를 보면 칭기즈칸의 군대가 실크로드[6]의 요충지였던

고대 아시아를 횡단하여 중국과 서아시아, 지중해 연안 지방을 연결하였던 고대의 무역로이며, 고대 중국의 특산물인 비단이 서방의 여러 나라로 전달되었기에 비단길이라고 한다.

메르브를 정복한 후 노예로 쓸 소수의 사람을 제외하고 무려 130만 명의 사람을 학살했다고 합니다. 또 당시 중국 문헌에도 몽골군이 자행한 대량 학살 관련 기록이 자주 나타나는데, 몽골군이 금나라를 공격하여 90여 개의 군을 파괴하고 사람들을 살해하였으며 금, 은과 비단, 소와 양 등 물자뿐만 아니라 아이들까지 끌고 갔다는 기록이 남아 있습니다. 저는 이 기록들을 살펴보면서 유목 민족 특유의 잔혹성이 너무나 무서웠습니다.

**나위대** — 음. 김 소장님은 칭기즈칸과 몽골 군대가 보여 준 전략과 전술의 탁월함보다는 살육과 약탈에 초점을 맞추시는 것 같아 아쉽습니다. 앞서 김 소장님께서 칭기즈칸이 정복 전쟁 과정에서 보여 준 유목 민족 특유의 잔혹성에 대해 말씀하셨는데, 이 부분에 대해 한 가지만 짚고 가겠습니다. 식물들이 잘 자라는 기후와 지형을 이용하여 농경 민족들이 벼, 밀 등의 작물을 생산하듯이, 유목 민족은 초원 지대라는 기후, 지형에 적응하여 말, 양, 염소 등 동물을 통해 식량을 생산합니다. 농경 민족, 유목 민족은 인간이 자연조건에 어떤 방식으로 적응하는지에 따라 분류한 것에 불과하지, 양자 간에 인간 본성의 근본적인 차이는 존재하지 않습니다. 과거 농경 민족들이 보기에 동물을 기르며 살아가는 유목 민족들의 행동이 거칠게 보였던 것이지, 유목 민족이 본성이 잔혹한 것은 아닙니다. 유목 민족을 야만의 관점에서 바라보는 것은 편견이라 생각됩니다. 마찬가지로 칭기즈칸이 정복 과정에서 잔혹한 모습을 보였다면 이는 전투를 승리로 이끌기 위한 것이지, 유목 민족이기에 잔혹한 것은 아니라는 점을 명확히 하고 싶습니다.

주제 2

## 몽골제국은 동서 문화 교류에 공헌하였는가

**사회자** — 네, 두 분의 토론 열기가 너무 과열되는 것 같습니다. 정리
하면 칭기즈칸이 정복 활동 과정에서 잔혹한 모습을 보이기도 했지
만, 조직 관리, 인재 등용 그리고 전략, 전술의 측면에서 혁신적인
면도 분명 있는 것 같습니다. 자, 그렇다면 이번에는 칭기즈칸이 건
설한 몽골제국의 가장 큰 업적으로 평가받는 동서 문화 교류에 관한
이야기를 해 보도록 하겠습니다. 과연 몽골제국은 동서 문화 교류에
공헌하여 세계화의 선구라 볼 수 있을까요? 이번에도 역시 나 교수
님이 먼저 포문을 열어 주시죠.

**나위대** — 몽골제국 이전 시기에는 원거리 여행을 떠난다는 것이 힘
들고도 위험한 일이었습니다. 법과 제도가 다른 수많은 국가와 민
족들이 널리 존재하고 있었고, 상인들의 생명을 위협하는 도적들
도 자주 출몰하였기에 대륙을 넘어 먼 거리를 이동한다는 것은 상
상 속에서나 가능한 일이었습니다. 그러나 몽골제국이 유라시아 대
륙을 지배하면서 통일된 법과 제도가 드넓은 제국 전체에 적용되었
고, 몽골제국이 여행자의 안전을 보호하기 위한 여러 정책을 실시
하면서 누구나 원거리 여행을 하는 것이 가능해졌습니다. 특히 몽
골제국이 설치한 역참을 통해 사절과 관리 등 공무를 수행하는 사

람들이 신속하게 여행을 할 수 있었고, 유럽인과 이슬람 상인들도 안전하게 원거리 여행을 하게 되면서 상업도 발달하게 되었습니다. 이렇듯 몽골제국 시기에는 동서 교통로가 발달하고 인적 교류가 활발해지면서 이슬람교, 크리스트교, 티베트 불교 등 다양한 종교와 이슬람 세계의 역법,[7] 천문학, 대포 제작 기술 등이 중국에 유입될 수 있었고, 한편 중국의 비단, 화약, 나침반, 인쇄술, 도자기 등이 이슬람 세계를 거쳐 서양에 전해질 수 있었습니다. 진정한 의미의 세계사가 펼쳐지게 된 것이지요.

해와 달 등 천체의 주기적 현상을 기준으로 하여 날짜와 시간을 정하는 방법

김원칙 —— 음. 나 교수님께서는 과장이 지나치신 것 같습니다. 물론 몽골제국이 지배하던 시기에 동서 문화 교류가 이루어진 사실은 인정합니다. 다만, 몇 가지 사례만을 가지고 이 시기에 사람과 물자가 자유롭게 이동하였다고 주장하는 것은 지나친 생각인 것 같습니다. 일례로 칭기즈칸이 사망한 이후 몽골제국은 분열을 시작하여 이미 더 이상 하나의 통일된 제국으로 존재하지 않았습니다. 아시겠지만 몽골제국에는 지역 단위로 나누어진 그리고 정치적으로 독립된 네 개의 울루스가 나타나게 됩니다. 사실상 몽골제국이 세계 제국으로 존재한 기간은 길게 잡아도 80년이 되지 않습니다. 결국 몽골 세계 제국이라는 표현도 몽골인이 세계의 많은 지역을 지배했다는 의미이지, 로마제국처럼 광범위한 지역에 걸쳐 오랫동안 정치적으로 안정된 체제를 유지했다고 보기는 어렵습니다.

나위대 —— 김 소장님께서는 계속해서 농경 민족의 관점에서 몽골제국을 바라보시는 것 같습니다. 농경 민족 사회에서는 왕이 사망하면

왕위를 자신의 자식 중 한 명에게 물려주지만 몽골 등과 같은 유목 민족들은 자신의 지배 영역을 형제나 자식에게 나누어 주어 통치하게 하는 것이 일반적인 현상이었습니다. 예전 흉노제국의 경우에도 선우[8]라는 통치자 아래 좌현왕과 우현왕이라는 관직을 두고 나라를 나누어 통치하였고, 돌궐제국의 경우에도 자신의 지배 영역을 여러 인물에게 나누어 통치하게 하였습니다. 몽골제국 역시 칭기즈칸이 사망한 이후 관습에 따라 제국을 대칸이 지배하는 원 제국과 오고타이 울루스, 차가타이 울루스, 주치 울루스, 훌라구 울루스 등으로 나누어 통치한 것입니다. 몽골제국은 여러 울루스로 나뉘어 분열되어 있는 것처럼 보이기도 하지만, 사실은 정치적, 지역적 차이를 뛰어넘어 몽골 울루스라는 의식을 가지고 있었고, 그렇기에 몽골제국 전체에 공통적으로 시행하는 정치, 군사 제도가 존재하였던 것입니다. 몽골제국은 여러 울루스로 나뉘어 분열하였던 것이 아니라 느슨한 형태로 연합되었다고 볼 수 있습니다.

흉노가 그들의 군주나 추장을 높여 부르던 이름

김원칙 —— 나 교수님은 몽골제국을 너무 긍정적으로만 보시는 것 같습니다. 그렇다면 과연 이 시기의 사람들이 나 교수님의 말처럼 어떠한 제약도 없이 자유롭게 이동할 수 있었을까요? 또 몇 가지 문화 교류의 사례만으로 몽골제국을 세계화의 선구로 평가하는 것이 가능한 일일까요? 몽골제국의 업적을 너무 확대하여 해석하는 것처럼 보입니다.

나위대 —— 예. 제가 좀 더 보충 설명 드리겠습니다. 세계화라는 것은 정치, 경제, 문화 등 사회의 여러 분야에서 국가 간 교류가 증대하여 여러 집단이 하나의 세계 안에서 삶을 영위해 가는 것을 가리킵니다. 이 관점에서 본다면 몽골제국 시기는 국가와 민족이라는 벽이 허물어지고, 안전한 교역로를 통해 다양한 문화의 접촉이 이루어진 시기였습니다. 그렇기 때문에 중국의 마르코 폴로, 이븐 바투타 등의 탐험가들이 중국에 올 수 있었고, 동양과 서양의 문화가 교류되어 서로에게 영향을 줄 수 있었던 것입니다.

---

주제 3
**몽골제국은 다양성이 존재하는 제국이었는가**

---

**사회자** — 네, 토론 열기가 대단한 것 같습니다. 자, 그럼 마지막 주제에 관해 이야기해 보겠습니다. 몽골제국은 광대한 영역을 지배하였고, 이 과정에서 다양한 민족의 피정복민을 통치하였는데요. 이번에는 김 소장님부터 몽골제국의 통치 방식에 관해 말씀해 주시죠.

**김원칙** — 네, 그럼 저는 몽골제국의 중국 통치 정책을 통해 몽골제국의 피정복민 통치 방식에 대해 말씀드리겠습니다. 중국을 지배하게 된 몽골인은 몽골 제일주의라는 원칙을 세우고 이에 따라 민족을 차별하는 정책을 실시하였습니다. 소수의 몽골인이 국가 기관의 주요 관직을 독점하고 정치와 군사를 담당하는 최상층을 차지하였으며, 한인, 남인[9]이라고 불리는 피지배 계층을 두었죠. 특히 몽골제국에 끝까지 저항하였던 남송 출신의 한족들은 남인으로 분류되어 조세를 더 많이 부담하는 등 차별을 받기도 하였습니다. 더구나 이

한인은 예전 여진인, 거란인, 금 지배하의 한인을 말하며, 남인은 남송 지배하의 한인을 의미한다. 이들 한인과 남인은 몽골 지배 시기에 피지배층을 형성하였다.

전까지 중국에서 관리를 선발하는 방식이었던 과거제를 축소 시행하여 더 이상 중국인들이 관리로 임명되기가 어려운 현실이었습니다. 몽골제국은 현재 우리 사회가 강조하고 있는 공정과는 거리가 먼 사회였으며, 사회적 차별과 불합리성이 존재한 사회였습니다.

**나위대** — 앞에서도 말씀드렸다시피 현재의 관점을 가지고 과거의 사실을 바라보는 것은 위험한 생각입니다. 당시 중국을 지배했던 몽골인은 중국 땅에 사는 전체 인구의 1.5%에 불과하였습니다. 소수의 몽골인이 다수의 피지배층을 다스리기 위해 취한 정책을 공정의 관점에서 바라보는 것은 무리라고 생각됩니다. 고대 그리스의 스파르타만 살펴봐도, 스파르타의 지배층은 다수의 피지배층을 예속 농민과 반자유민으로 삼아 통제하였고, 군사 제도에 바탕을 둔 엄격하고 폐쇄적인 사회 제도를 유지하였습니다. 이에 비하면 몽골제국은 일부나마 중국 한족을 지배층으로 인정하였고, 사회 이동이 가능한 사회였습니다.

**김원칙** — 지금 나 교수님은 몽골인들이 민족을 차별하여 탄압한 사실을 인정하지 않고 합리화하시는 것 같습니다. 우리가 주목해야 하는 점은 몽골인들이 민족을 등급화하였고 이에 따른 차별이 분명히 존재했다는 것입니다. 당시 중국의 한족 지식인들이 자신이 아무리 노력해도 관리가 될 수 없다는 사실에 좌절하였던 사실을 잊지 마시기 바랍니다.

**나위대** — 네, 김 소장님의 말씀처럼 일정 부분 차별이 있었다는 점을 부인하지는 않겠습니다. 그러나 몽골제국은 이전에 존재했던 다른 제국과 달리 자신들의 고유한 문화와 풍습을 피정복민에게 강요하지 않았으며, 오히려 그들의 문화를 인정하고 존중하였다는 점에서 개방성을 가진 나라였다고 볼 수 있습니다. 서아시아 일대를 지배했던 몽골인들은 피정복민의 종교인 이슬람교를 받아들여 개종하기도 하였고, 중국 지역을 지배한 몽골인들도 중국의 여러 왕조가 실시한 제도를 수용하였습니다. 또 몽골제국은 자신들의 정치적 권위를 인정하는 한, 민족에 상관없이 다양한 배경의 사람들을 통치의 협력자로 받아들이는 다원적 세계관을 가지고 있었습니다. 몽골제국에서 활약했던 색목인[10]을 보면 이러한 점이 분명해집니다. 티베트인은 불교 등 문화 분야를 주로 담당하였고, 위구르인은 재정과 행정 분야에서 활동하였으며, 이슬람인 역시 군사, 행정 등 다양한 분야에서 자신의 능력을 발휘하여 제국의 발전에 기여하였습니다. 물론 이러한 사실이 오늘날 우리가 표방하는 인종 차별의 철폐와 균등한 기회 보장을 의미하지는 않습니다. 그러나 몽골제국이여타 다른 제국과는 달리 다양성을 존중하고 인정한 제국이었다는점은 확인할 수 있습니다.

색목인은 여러 종류의 사람이라는 의미로 티베트인, 위구르인, 이란인, 아랍인 등을 말하며, 유럽인도 소수 존재하였다.

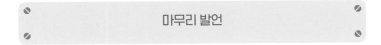

## 마무리 발언

**사회자** — 네, 아쉽게도 시간이 다 되었습니다. 오늘 두 분의 토론을 통해 칭기즈칸과 몽골제국에 대한 다양한 이야기를 나누었습니다. 이제 각자 오늘 토론의 마무리 발언을 해 주시기 바랍니다.

김원칙 ── 네, 오늘 토론을 통해서 미처 알지 못했던 칭기즈칸의 전략과 전술, 그리고 몽골제국의 통치 정책에 대해 알게 되어 유익한 시간이었습니다. 다만, 과거의 사실들은 항상 미화되기 마련입니다. 따라서 우리가 과거의 역사적 사실을 평가할 때는 아름답게 포장된 부분은 걷어 내고 객관적으로 바라볼 필요가 있습니다. 현재 우리 사회가 몽골제국을 바라보는 관점 역시 마찬가지 아닐까요? 객관적인 사실보다는 현재 자신의 관점에서 보고 싶은 것만 보고 있는 것은 아닌지 우려됩니다. 칭기즈칸과 몽골제국의 진정한 실체에 대해 객관적인 시선으로 바라봐야 할 때입니다.

나위대 ── 김 소장님의 말씀처럼 과거의 사실을 특정 관점을 가지고 바라보는 것은 저 역시 위험하다고 생각합니다. 나쁜 의도를 가지고 과거 사실에 접근하여 해석하는 것이 얼마나 위험한 일인지 우리는 히틀러의 경우에서 충분히 경험한 것 같습니다. 오늘 토론을 통해 몽골제국의 통치 체제가 세계화의 선구적인 모습이었다는 생각에 더욱 확신을 가지게 되었습니다. 또 우리가 왜 몽골제국에 관해 공부해야 하는지를 다시 한번 깨닫게 된 소중한 시간이었습니다. 이번 토론을 계기로 몽골제국의 다른 위대한 칸에 대해서도 좀 더 깊이 연구해 볼 생각입니다.

사회자 ── 이것으로 '칭기즈칸, 잔혹한 정복자인가, 세계화의 선구자인가'에 관한 토론을 마치도록 하겠습니다. 끝까지 토론에 치열하게 참여해 주신 나 교수님과 김 소장님께 고마운 마음을 전합니다. 감사합니다.

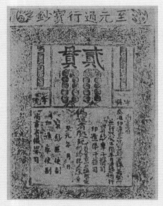

▲ 원대에 널리 사용된 지폐인 교초

© 우리역사넷

강력한 힘을 자랑하던 몽골제국이 멸망한 원인은 크게 두 가지입니다. 첫째는 황위 계승 분쟁입니다. 우리나라의 경우 왕위 계승 원칙은 장자 상속제로, 첫째 아들이 왕위를 계승받는 것이 일반적이었습니다. 그러나 몽골의 경우 장남이 아니라 능력 있는 자제가 칸의 자리를 차지하는 것이 일반적인 현상이었습니다. 결국 칸의 자리를 차지하기 위해서 치열한 경쟁이 벌어질 수밖에 없었고 이는 제국의 분열을 가져왔습니다. 실제로 칸이 사망할 때마다 후계를 두고 매번 황위 계승 분쟁이 발생하였을 정도로 몽골제국은 후계 문제 때문에 혼란을 겪었습니다.

두 번째 이유로는 몽골제국의 재정난을 들 수 있습니다. 원 황실 지배층은 티베트 불교를 신봉하여 여기저기에 사원과 불탑을 건립하는 데 열중하였고, 지배층의 사치와 낭비로 국가 재정이 어려움에 빠졌습니다. 이를 해결하기 위해 원 황실은 백성들에게 무거운 세금을 거두고, 지폐인 교초를 남발하였습니다. 원 황실은 국가의 재정 부족을 보충하기 위해 교초를 마구 발행하였고, 결국 이는 물가의 폭등과 백성의 고통으로 이어지게 됩니다. 이러한 상황 속에서 백련교도가 중심이 된 홍건적이 반란을 일으켰고, 결국 원 황실은 명을 세운 주원장에 의해 북쪽으로 밀려나게 됩니다.

# 칭기즈칸, 잔혹한 정복자인가, 세계화의 선구자인가

1. 다음 칭기즈칸과 몽골제국에 대한 토론 내용을 보고, 각 주장에 관한 근거를 정리해 적어 보세요.

| 칭기즈칸, 잔혹한 정복자인가, 세계화의 선구자인가? | | |
|---|---|---|
| 칭기즈칸은 잔혹한 약탈자인가? | 칭기즈칸은 사람들을 살상하고, 정복한 지역을 파괴하였다.<br>근거 : | 전략, 전술 능력으로 광대한 영역을 지배한 탁월한 리더십의 소유자이다.<br>근거 : |
| 몽골제국은 동서 문화 교류에 공헌하였는가? | 역참제를 시행하여 동서 문화가 활발히 교류되었다.<br>근거 : | 칭기즈칸 사후 제국이 분열되었다.<br>근거 : |
| 몽골제국은 다양성이 존재하는 제국이었는가? | 다양한 사람이 능력을 발휘할 수 있는 다양성이 존재하는 개방적인 사회였다.<br>근거 : | 몽골인이 모든 결정을 하는 폐쇄적인 사회였다.<br>근거 : |

2. 칭기즈칸과 몽골제국에 관한 본인의 생각을 적어 보세요.

▲ 1206년 몽골 통일을 기념하며 800년이 지난 2006년 건립을 시작하여 2010년에 완공한 칭기즈칸 동상. 사진 하단의 사람들과 비교해 보면 엄청난 크기라는 것을 알 수 있다.

© wikimedia

· 쟁점 5 ·

# 프랑스 혁명

― 프랑스 혁명은 왜 일어났을까

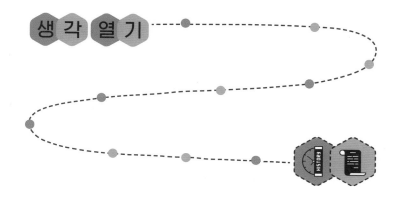

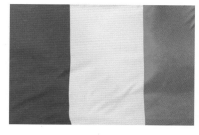

　프랑스의 국기입니다. 세로로 세 가지 색으로 삼등분된 삼색기인데, 푸른색, 흰색, 붉은색은 각각 자유, 평등, 박애를 상징합니다. 세계 여러 나라의 국기를 검색해 보면 삼색으로 구성된 국기가 아주 많고, 상징하는 의미도 비슷비슷해서 구분하기가 쉽지 않지요. 이 중에서 프랑스의 삼색기는 세로로 나눈 삼색기 중 최초라고 하며, 사람들이 가장 먼저 머릿속에 떠올리는 국기가 아닐까 합니다. 이렇게 유명한 삼색기가 언제부터 프랑스의 국기로 사용된 것일까요?

　실은 삼색기가 처음 출현한 것은 프랑스 대혁명 때였습니다. 1789년 7월, 파리 시민들은 무기를 들고 막 시위를 시작했던 혁명의 초기에 초록색 나뭇잎을 모자에 꽂아 서로 동지라는 표시로 삼았습니다. 원래 파리시의 상징색이었던 푸른색과 붉은색이 시민군의 깃발에 사용되고 있었는데, 혁명 초기에 시민군과 부르봉 왕실의 화합을 상징하는 의미로 푸른색과 붉은색 사이에 왕실을 상징하는 백합의 흰색을 넣어 혁명 프랑스를 상징하는 모장(帽章)으로 사용했습니다. 이후 시민군과 시위 군중이 가는 곳에는 늘 삼색의 휘장이 날리게 되면서 삼색기는 프랑스 대혁명의 심볼이 되었습니다.

삼색기가 프랑스의 국기로 정식 채택되기까지는 프랑스 혁명 이후에도 시간이 더 흘러야 했지만, 일단 자유, 평등, 박애를 혁명의 이념으로 내세웠던 프랑스 대혁명의 심볼이 된 후에는 유럽 각국이 국기를 제정하는 데 큰 기준이 된 것은 분명합니다.

이쯤에서 이 삼색기가 탄생한 배경이 된 프랑스 혁명은 어떤 사건인지 궁금해지지 않나요? 지금 우리는 세상을 움직이는 기본 가치 중의 하나로 자유와 평등, 박애를 너무나 자연스럽게 받아들이고 있습니다. 하지만 삼색기를 흔들며 "자유, 평등, 박애 아니면 죽음"이라고 외치며 수많은 사람이 피를 흘렸던 프랑스 혁명을 거친 이후에야 이 이념들은 모두가 당연하게 생각하는 가치가 되었습니다.

이제 프랑스뿐만 아니라 유럽의 거의 모든 지역이 구체제(전근대 사회)에서 벗어나 근대 사회로 변화해 나가는 계기가 되었던 프랑스 혁명은 왜 일어났는지 깊이 파헤쳐 보는 여행을 떠나 볼까요.

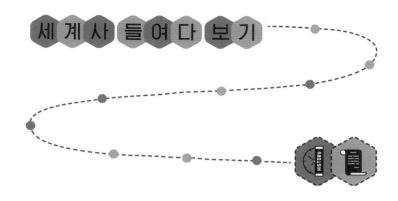

프랑스라는 나라는 언제 생겨난 것일까요? 로마 제국이 멸망한 후 서양 역사의 주요 무대는 오늘날 프랑스 북부 지역에 게르만족이 세웠던 프랑크 왕국으로 옮겨집니다. 9세기 중반 프랑크 왕국의 자손들 사이에서 영토 분쟁이 일어나 프랑크 왕국은 서프랑크, 중프랑크, 동프랑크로 분열되는데 그중 서프랑크가 오늘날 프랑스의 기초가 되었습니다.

▲ 프랑스 부르봉왕조의 왕인 루이 14세 (1638~1715년)

중세 서유럽에서는 국왕의 권력이 매우 약했는데 프랑스는 강력한 중앙집권국가를 가장 먼저 이룩했습니다. 특히 영국과 백년전쟁(1337~1453년)을 벌이는 과정에서 프랑스는 국토를 통일하고 강력한 왕권을 확립할 수 있었습니다.

유럽의 절대 왕정이라고 하면 가장 먼저 프랑스의 루이 14세를 떠올리게 될 정도인데 그는 "짐이 곧 국가다"라고 말할 정도로 강력한 왕권을 확립하고 후대에 물려주었습니다. 루이 14세는 1682년 파리의 루브르 궁전에서 베르사유 궁전으로 거처를 옮기고 파리와 지방의 대귀족들도 강제로 베르사유에 모여 살게 합니다. 이후 베르사유는 프랑스 정치의 중심지가 되었고, 베르사유 궁전은 계속해서 대대적인 건설로 화려한 궁정 문화를 선보임으로써 절대 왕정의 상징이 되었습니다. 루이 14세의 증손자 루이 15세는 베르사유 궁전에서 태어나 국왕으로 즉위하였고, 그의 손자 루이 16세도 프랑스 혁명 와중에 파리로 강제 송환되기 전까지 이 궁전에서 전제 군주로 생활하였습니다. 1789년 5월 5일 프랑스 혁명의 불씨가 되는 삼부회(전국 신분제 의회)도 베르사유 궁전에서 개최되었습니다.

일반적으로 프랑스 혁명은 1789년 5월 5일 삼부회 소집에서 시작하여 나폴레옹이 권력을 장악하는 1799년 11월 9일 쿠데타에서 끝나는 것으로 봅니다. 프랑스 혁명이 왜 일어났는지에 대해서는 다양한 의견이 있습니다만 혁명 발발의 도화선이 된 삼부회 소집은 왕실의 재정난을 해결하기 위해서였습니다. 루이 16세가 즉위한 후 왕실의 누적된 적자를 해결하기 위해서는 귀족에게도 세금을 징수하는 길 외에는 방법이 없었습니다. 귀족들은 삼부회를 소집하여 세금 문제를 심의하자는 요구를 내걸고 왕권에 대항하였기 때문에 루이 16세가 1789년 5월, 175년 만에 삼부회를 소집했던 것입니다.

삼부회에서 제3신분은 관례인 신분별 표결이 아닌 인원수

▲ 바스티유 광장. 바스티유는 1789년 7월 15일 해체가 결정되어 요새의 돌은 대부분 콩코드 다리의 재료가 되었다. 바스티유에서 나온 돌로 바스티유 모형을 만든 것이 카르나발레 박물관에 전시되어 있기도 하다. 요새가 있던 자리는 현재 바스티유 광장이 되었다.

표결을 요구하였는데 한 달이 조금 지나도록 이 요구는 받아들여지지 않았습니다. 결국 제3신분 대표들은 독자적으로 '국민의회'를 자처하며 유명한 '테니스코트의 서약'을 통해 단결할 것을 맹세하면서 헌법 제정에 나섭니다. 국민의회는 입헌 군주제를 지향하고 있었는데 국왕은 군대를 동원하여 절대 왕정을 지키려고 합니다. 분노한 파리 시민들은 무장을 하고 7월 14일 바스티유[1] 요새를 공격하여 함락시킨 후 국왕이 임명한 파리 시장을 처형하고 직접 파리 시장을 뽑는 등 시민의 힘을 보여 주었습니다. 바스티유 함락 사건은 프랑스 혁명을 상징하는 사건으로 여겨져 7월 14일은 프랑스의 중요한 국경일이 됩

바스티유는 프랑스가 백년 전쟁을 치르고 있던 중이던 1370년 파리의 동쪽 입구를 지키는 요새로 지어졌다. 이 군사 요새는 17세기에 왕립감옥으로 바뀌었다. 처음에는 죄수로 귀족이 많았고 18세기 후반으로 갈수록 평민이 많아졌지만 정치범을 수용하는 전제정치의 상징으로 생각되고 있었다. 막상 바스티유 함락 후 감옥문을 열었을 당시에는 사기범 4명, 미친 사람 2명, 바람둥이 귀족 1명 등 7명의 죄수밖에 없었다고 한다.

니다. 그만큼 이 사건이 가져온 충격은 컸고, 파리에서 시작된 혁명의 불길이 전국으로 확산되는 계기가 되었습니다. 8월 말에는 국민의회에서 '인간과 시민의 권리선언'을 채택하였습니다. 간단히 줄여 '인권선언'이라 부르는 이 문서는 혁명의 기본 원칙을 제시한 것이었습니다.

10월에는 파리 민중이 베르사유 궁전까지 행진해 가서 왕실 일가족을 파리로 강제 송환하는 일이 벌어졌습니다. 이 행진에는 파리의 생선시장에서 일하던 여성층이 가장 앞장섰습니다. 혁명을 통해 일상적 생활의 개선을 바라던 열망이 생선 파는 아주머니들을 혁명의 대열에 가담하게 만들었던 것입니다. 이후 2년여에 걸쳐 만인의 자유와 법적 평등을 보장하기 위한 여러 입법이 이루어졌고 1791년에는 드디어 헌법이 채택됩니다.[2] 그사이에 국왕 루이 16세가 외국으로 탈출을 시도하다 국경에서 발각되어 파리로 다시 잡혀 와 감금되기도 하고, 반혁명 세력이 외국 군대를 끌어들이려는 움직임도 있었습니다.

결국 프랑스의 입법의회는 1792년 4월, 오스트리아에 선전포고를 하며 혁명전쟁을 시작하였습니다. 국왕의 폐위를 요구하는 시위가 줄을 이었고 보통선거에 의한 새로운 의회[3]가 9월에 개원하면서 프랑스에는 역사상 처음으로 공화정이 들어섰습니다. 국민공회는 루이 16세를 혁명 재판에 회부하였고, 1793년 1월 루이 16세는 파리 시민 2만여 명이 지켜보는 가운데 콩코드 광장에서 처형되었습니다. 루이 16세의 처형은 유럽

입헌군주제를 규정한 1791년 헌법 채택 이후의 프랑스 의회를 '입법의회'라고 부른다.

보통 이 새로운 의회를 국민공회라고 부르며, 국민공회는 군주제 폐지를 결정하였다.

각국에 큰 충격을 주었고 프랑스 혁명에 반대하는 각국의 군대가 프랑스 국경을 넘어옵니다. 외국 군대의 간섭, 왕당파의 반란, 파리 하층민의 불만 등이 쌓이면서 혼란이 거듭되는 와중에 로베스피에르를 대표로 하는 강경파가 공포정치를 통해 혁명을 이끌어 가게 됩니다. 그러나 공포정치가 이어지는 동안 수만 명의 사람이 혁명의 적으로 몰려 단두대에서 목숨을 잃었고, 파리의 곳곳은 피로 물들었습니다. 자유, 평등, 박애를 내세우던 혁명의 열정은 사라지고 피가 불러온 혁

▲ 프랑스 혁명을 주도했던 로베스피에르(1758~1794년)

명에 대한 염증만 남게 되었지요. 결국 공포정치에 공포를 느낀 반대파에 의해 로베스피에르가 하루아침에 제거되자 혁명 정부도 무너져 버렸습니다.

1795년에는 5인의 총재단이 행정권을 담당하는 총재 정부가 출범하였지만 이후 4년간의 총재 정부 시기는 만성적인 정치 불안기였습니다. 총재 정부가 부르주아지층의 이익을 대변하자 민중과 왕당파 모두가 정부에 반발하였고 여러 차례 쿠데타가 이어졌습니다. 야심 찬 군인이었던 나폴레옹은 쿠데타를 진압하는 데 공을 세운 것을 계기로 명성을 얻었고 1799년에는 쿠데타를 일으켜 통령이 되어 버렸습니다. 분열과 혼란에 지쳐 있던 프랑스 국민은 너무 쉽게 나폴레옹을 받아들였고, 혁명은 종식되었습니다.

▲ 다비드의 나폴레옹 대관식: 나폴레옹은 스스로 황제의 관을 쓴 후 계단 밑에 꿇어앉아 있는 조세핀에게도 자기 손으로 관을 씌워 주었다.

　　1804년에 나폴레옹은 국민 투표를 통해 황제에 즉위하였고, 주변국을 차례로 굴복시키며 대륙을 지배해 나갔습니다. 그러나 영국을 굴복시키려고 발표한 대륙봉쇄령이 오히려 유럽 대륙의 경제 사정을 어렵게 만들었고, 이에 반발한 러시아를 응징하려던 모스크바 원정의 실패를 계기로 나폴레옹 제국은 붕괴되고 맙니다.

　　나폴레옹 전쟁이 끝난 후 연합국은 오스트리아의 수도 빈에서 국제 회의를 열었습니다. 각국의 이해관계 대립으로 회의의 진전은 없고 무도회만 열려 '회의는 춤춘다'는 비아냥을 듣기도 했지만 결국 유럽 각국의 영토와 정치 체제는 프랑스 혁명 이전 상태로 돌아갔습니다. 그러나 프랑스 혁명과 나폴레옹 전쟁이 불러온 자유주의와 민족주의의 분위기마저 되돌릴 수는 없었을 겁니다. 프랑스에서는 1830년 7월 혁명과 1848년 2월 혁명 등 계속되는 혁명과 반혁명 세력의 갈등 속에서 왕정과 공화정이 반복되었습니다. 1870년 프로이센과의 전쟁에서 패배한 후 최종적으로 공화정이 성립되어 오늘날까지 이어지고 있습니다.

모든 사건에는 반드시 원인이 있기 마련입니다. 프랑스 혁명과 같은 대사건의 원인은 더더욱 복잡할 수밖에 없는데 과연 프랑스 혁명은 왜 일어났던 것일까요? 이에 대한 궁금증을 차분히 풀어 나가 봅시다.

# 프랑스 혁명은 왜
## 일어났을까

　시민혁명은 근대 유럽 사회의 형성과 발전에 큰 영향을 주었다. 17세기 중엽 영국에서 시작된 시민혁명은 18세기 미국과 프랑스를 거치면서 더욱 큰 폭발력을 지니게 되었다. 1789년의 프랑스 대혁명은 부르주아지가 추진한 전형적인 시민혁명으로, 혁명이 내세웠던 자유, 평등, 박애라는 이념은 오늘날까지도 민주주의 체제의 기본 정신이 되고 있다.

　유럽 사회가 일찍이 경험하지 못했던 큰 변화를 짧은 시간 안에 폭풍과 같이 휩쓸었던 프랑스 혁명, 그 변화를 이끌어 낸 힘은 무엇이었을까? 이 궁금증을 해결해 보고자 너튜브 '아무튼 역사토론'에서는 18세기 유럽 역사에 대한 다양한 연구를 진행 중인 연구자들과 '프랑스 혁명은 왜 일어났을까?'라는 주제로 긴급 대담을 편성하였다. 18세기 유럽 사회의 면면을 밑바탕부터 차근차근 따져 봄으로써 프랑스 혁명을 이해해 보고자 한다.

**사회자** — 안녕하세요. '아무튼 역사토론'입니다. 오늘은 '프랑스 혁명은 왜 일어났을까?'라는 주제로 전문가 두 분을 모시고 대담을 진행하도록 하겠습니다. 너튜브 역사대학의 신사학 교수님과 고정식 교수님이십니다. 먼저, 바쁘실 텐데 이 자리에 나와 주셔서 감사드리며 시청자 분들의 궁금증을 제가 대신 질문해 드리고 답변을 듣는 방식으로 진행하겠습니다. 실시간 방송을 지켜보시는 구독자 여러분! 댓글로 궁금증을 올려 주시면 오늘 속 시원한 답변을 얻을 수 있을 것입니다. 두 분 교수님 먼저 인사 말씀 부탁드리겠습니다.

**신사학** — 네, 반갑습니다. 너튜브 역사대학에서 연구하고 있는 신사학이라고 합니다. 불러 주셔서 감사합니다. 오늘 프랑스 혁명에 대한 여러분의 궁금증을 조금이나마 풀어 드려야 할 텐데, 아무튼 최선을 다해 보겠습니다.

**고정식** — 반갑습니다. 같은 대학에서 근무하고 있는 고정식입니다. 신사학 교수님과 의견을 나누면서 여러분께 도움이 되는 시간이 되도록 노력하겠습니다.

**사회자** — 그럼 바로 오늘 대담 주제로 들어가 볼까요? 흔히 프랑스 혁명이 일어난 직접적인 원인은 잇따른 전쟁과 미국 혁명에 대한 개입, 사치 생활로 인한 왕실의 재정 위기에 있었다고 설명합니다. 1789년 루이 16세가 베르사유 궁전에 삼부회를 소집하여 재정 곤란을 해소하려고 한 시도가 혁명의 불씨가 되었다고 보는데요. 고교수님 어떻게 보십니까?

**고정식** — 네, 아주 전형적으로 프랑스 혁명이 일어난 원인을 프랑스 왕실의 재정 문제에서 찾는 시각이지요. 그렇지만 단순히 프랑스 왕실의 재정 문제로 혁명의 원인을 한정해 버리면 10년에 걸쳐 전개되는 프랑스 혁명의 과정이나 혁명이 가져온 유럽 사회 변화를 이해하기 어려울 수 있습니다. 신사학 교수님도 이 점에는 동의하실 거라 봅니다.

**신사학** —— 그렇습니다. 왜 하필 18세기 말에, 왜 하필 프랑스에서 대혁명이 발생하였고, 이후 전 유럽에 혁명의 물결이 휩쓸고 지나가게 되었을까요? 프랑스 혁명은 결과적으로 실패로 끝나지만 이후 유럽사뿐만 아니라 전 세계의 역사 전개에 지속적으로 영향을 끼칩니다. 프랑스 혁명이 일어나게 된 원인을 하나씩 차근차근 따져 볼 필요가 있습니다.

**사회자** —— 프랑스 왕실의 재정 위기에만 주목해서는 안 된다는 점에서 두 분 의견이 일치하시는군요. 그럼 좀 더 구체적으로 프랑스 혁명의 발생 원인에 대한 대담을 이어 나가 보도록 하죠.

---

### 주제1
### 프랑스 혁명, 무대 위 주인공은 시민인가

---

**사회자** —— 먼저, 18세기 후반 프랑스 사람들의 처지가 어떠했는지 궁금한데요. 왜 18세기 말에 프랑스에서 갑자기 혁명이 일어나게 되었나요? 어떤 사람들이 혁명을 주도합니까? 신 교수님 어떻게 보고 계십니까?

**신사학** — 흔히 프랑스 혁명을 시민혁명이라고 부르죠. 혁명을 주도한 사람들이 시민이라는 뜻이고요. 18세기 말 프랑스에 시민이 얼마나 있었는가? 그들은 어디에서 온 사람들인가를 생각해 봐야 합니다.

**사회자** — 시민혁명을 일으킨 시민들이 당연히 프랑스에 존재했다고 여기는 것에 의문을 제기하시는 거네요. 그럼 질문을 바꾸어 보죠. 18세기 말 프랑의 시민은 어디에서 온 사람들이죠?

**신사학** — 18세기 중반부터 프랑스에서는 목초 재배나 윤작 경영, 농기구의 개량 등이 나타납니다. 이것을 추진한 것은 농업 생산량 증대에 관심을 가진 진보적인 지주층이었고요. 이들 지주층의 주도로 농업 생산력이 향상되면서 직접 농사를 짓고 있던 소농민층이 몰락해 갑니다. 몰락한 소농민들이 도시로 흘러 들어가 도시 노동자, 빈민층을 형성했고요. 농업 생산력의 상승으로 식생활과 영양 상태의 개선이 이루어졌고, 이는 사망률의 저하와 인구 증가를 가져옵니다. 증가된 인구는 주로 도시로 몰려들었기 때문에 도시의 공업인구가 늘어나게 되었고, 공업을 토대로 해서 상업이나 무역, 금융 등의 활동에 종사하는 새로운 계층이 나타나는데 이들이 시민계급이라는 거죠.

**사회자** — 농업 생산력이 향상되었는데 소농민층은 몰락한다는 말씀이신가요? 언뜻 이해하기 힘든 부분이네요. 고정식 교수님께서는 농업 기술 발전을 연구하시죠? 이 부분에 대한 좀 더 자세한 설명을 부탁드립니다. 왜 이렇게 되는 거죠?

**고정식** — 아, 네. 프랑스뿐만 아니라 유럽 전체를 놓고 보면 18세기 전

반기부터 농업 생산력이 높아지고 있었습니다. 벨기에의 해안지역인 플랑드르 지방에서는 일찍이 중세의 휴경농법을 대체하는 새로운 농법을 시행하고 있었습니다. 이 플랑드르 농법이 18세기 초 영국으로 건너가 순무, 클로버, 밀, 보리의 윤작법으로 발전합니다. 프랑스에서는 18세기 중엽 이후 지주계층에서 이 새로운 농법의 도입에 관심을 기울이고 합리적인 농업 경영에 대해 공부하는 모습이 나타납니다. 농산물의 생산량이 늘자 사람들이 더 많이 먹을 수 있게 되고 영양 상태가 좋아지면서 인구도 증가한 거죠. 인구조사에 따르면 18세기 전반까지 프랑스 인구는 1,800만 명 정도였는데 1850년경에는 2,600만 명으로 늘어났습니다.

**사회자** —— 잠깐만요. 식량이 풍부해지고 인구가 급속히 증가한다는 것은 살기가 좋아졌다는 이야기이지 않습니까? 그런데도 농촌에서 소농민이 몰락했다고 보는 것은 왜죠?

**고정식** —— 지주층이 주도한 농업 생산력 향상이라는 것을 잘 생각해 보시기 바랍니다. 새로 도입된 농법은 대토지에서 휴경을 폐지하고 인공목초지를 조성하여 가축을 사육하는 형태였기 때문에 더 많은 이익을 내고 싶어 하던 지주층은 토지에서 농민을 쫓아냈습니다. 더 적은 노동력을 투입하여 더 많은 생산이 가능한 방향으로 가려고 했던 거죠. 농업 생산력이 높아지고 인구가 증가했지만 이들은 농촌에 있을 수가 없었습니다. 요즘도 기술 혁신과 발전이 일자리를 줄이고 사람의 노동력이 필요한 부분을 많이 없애고 있는 현상이 나타나지 않습니까? 물론 농촌에 계속 남은 사람들도 있었는데, 그들도 농촌에서 일당을 받고 일하는 농업 노동자의 형태로 농촌에 머물게 됩니다. 결국 농업 생산력의 발전이 증가한 인구 전체의 생활 수준을 향상시키지는 못한 것입니다.

**사회자** ── 고 교수님께서 정말 친절하게 설명해 주셔서 18세기 후반 프랑스 사회 모습이 눈앞에 그려지는 듯하네요. 요즘 현실과 비교해 설명해 주시니 이해도 잘되고요. 마침 시청자 댓글 질문이 올라왔습니다. '18세기 후반 프랑스의 인구가 그처럼 급속히 증가했다는 것은 당시 늘어난 인구를 충분히 지탱할 만큼 먹고 사는 문제가 해결된 것이 아닌가? 좀 더 살기 좋은 환경이 되었는데 왜 사람들이 변화를 바라고 혁명에 가담하게 되었는가?'라는 질문을 주셨습니다. 신 교수님 어떤 답변을 주시겠습니까?

**신사학** ── 보통 급격한 사회변동은 생존을 위협하는 사회문제가 있을 때 이를 폭발적으로 해결하는 과정에서 일어난다고 보는 것이 상식일 것 같습니다. 18세기 후반 프랑스의 대표적인 도시들에서 인구가 급격히 증가합니다. 농촌에서 쫓겨난 농민들이 일자리를 찾아 대부분 파리와 같은 도시로 몰려 갔기 때문인데요. 18세기 초 프랑스의 도시민은 300만 명 정도였는데 1789년에는 560만 명으로 거의 두 배로 증가했습니다. 그리고 중요한 점은 이들 도시민이 이후 프랑스 혁명의 주요한 세력이 된다는 점이지요.

**사회자** ── 교수님 말씀을 정리해 보자면, 농업 생산력의 발전이 전체 인구 증가와 도시민의 급격한 형성을 가져왔지만 도시민의 풍요로운 생활을 보장하지는 못했다는 거죠? 그리고 이렇게 형성된 시민

계급이 결국 프랑스 혁명을 주도해 나갔다는 것이고요.

**신사학** —— 그렇습니다. 프랑스 혁명은 파리를 중심으로 하는 정치적 사건으로 시작되었거든요. 그렇지만 혁명이 프랑스 전역으로 퍼져 나간 원인을 찾아본다면 아무래도 농민층의 각성을 들 수 있습니다.

**고정식** —— 혁명 당시 프랑스 농민은 전 인구의 80% 정도인데 농민이 아니면서 농촌에 거주하는 사람을 합치면 농촌의 인구는 92%나 됩니다. 18세기에 접어들면서 농촌에서는 농민의 자각과 경제적인 변화로 인해 영주권[4]을 행사해 온 귀족의 권위가 상실되어 갑니다. 영주나 교회에 대해 농민이 지고 있던 봉건적 부담에 대한 반감이 격심해졌던 거죠. 전통적인 왕정에 대한 파리 시민의 저항이 급속히 지방으로 파급되어 갔던 배경에는 이러한 농민층의 반감도 존재했다는 것을 기억해야겠지요.

**사회자** —— 네, 18세기 후반 프랑스 도시민이나 농민의 생활 여건 문제는 따로 시간을 내어 다루어 볼 만한 주제라는 생각이 듭니다. 식량 부족은 폭동의 원인이 되었기 때문에 18세기 후반 프랑스에서는 도시의 식량 공급에 엄중한 통제 정책을 실시하고 있지 않았습니까? 식량에 대한 통제 정책이 제대로 작동하지 않고 결국 혁명으로 폭발한 이유도 궁금하네요. 오늘 한 번으로 이런 궁금증을 모두 해결하기 어려워 보입니다만 어쨌든 서둘러서 다음 주제로 넘어가 보도록 하겠습니다.

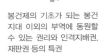

4
봉건제의 기초가 되는 봉건 지대 이외의 부역에 동원할 수 있는 권리와 인격지배권, 재판권 등의 특권

## 계몽사상, 혁명의 등불이었나

**사회자** —— 잘 알려진 바와 같이 18세기 프랑스는 유럽에서도 절대 군주의 권력이 가장 강력했던 국가이지요. 절대왕정에 순응하던 프랑스인들이 1789년 절대 군주의 명령에 반기를 드는 혁명에 열광적으로 참여하고 몇 년 후(1793년)에는 그 군주를 단두대에 세워 처형하기까지 했습니다. 과연 평범한 프랑스인들을 혁명의 한가운데로 끌고 들어간 동력은 무엇이라고 보십니까?

**신사학** —— 혁명 초기에 마리 앙투아네트가 "빵이 없으면 케이크를 먹지!"라는 발언을 했고, 이것이 이제 막 시위에 참가하고 있던 군중들을 분노하게 만들어 혁명이 과격화되었다는 이야기가 있습니다. 이는 이야기의 사실 여부를 떠나 혁명의 중요한 원인 제공자로 마리 앙투아네트 왕비를 지목하는 시각입니다. 지배층의 가혹한 수탈과 사치스러운 왕실에 대한 분노에서 혁명이 비롯되었다고 보는 것이죠.

**고정식** —— 하지만 이 이야기는 당시 절대 권력을 가진 지배층이 백성의 경제적 상황에 대해 무지했고 시민층의 요구를 제대로 이해하지 못하고 있었음을 보여 주는 상징적인 이야기로 이해해야 합니다. 혁명의 원인을 왕실에 대한 분노에서 찾는 단순함은 문제가 있고요. 사람들이 기존의 행동방식에서 벗어나 급격하게 다른 행위로 나아가기 위해서는 뭔가 사고방식에 큰 변화가 있어야 하지 않을까요?

저는 계몽사상을 주목해야 한다고 봅니다.

**사회자** ── 계몽사상가로 불리는 일군의 철학자들이 프랑스 혁명에 영향을 끼쳤다고 보시는 근거가 궁금하네요. 18세기 유럽 사람들의 생각뿐만 아니라 일상생활 방식에까지 기독교와 교회의 영향이 절대적이었죠? 루이 14세는 자신의 권력이 신으로부터 부여받은 것이라며 절대 권력의 정당성을 종교의 힘을 빌려 주장했을 정도 아닙니까?

**고정식** ── 18세기 프랑스에서는 문화의 저변이 확대되었습니다. 교양을 갖춘 여주인의 살롱에 철학자와 문학가들이 모여 대화와 토론을 나누었는데 18세기 중반 이후부터 이 살롱들이 계몽사상의 확산에 기여했습니다. 살롱에서는 귀족보다 루소나 디드로와 같은 평민이 더 환영을 받았고, 사회문제를 공공연하게 말할 수 있는 분위기를 형성했던 것입니다. 유럽의 다른 나라에도 살롱이 산재했지만 프랑스의 파리가 그 중심지였고요. 프랑스의 '과학학술원'은 당대 최고의 화학자, 수학자, 천문학자들로 구성되어 지적 혁신을 주도하고 있었는데 31개나 되는 지방 도시에 이를 본받은 아카데미들이 생겨났습니다. 아카데미의 창립 회원들은 대부분 귀족이었지만 점차 부르주아지의 비율이 증가했고, 이들은 계몽사상의 저작들에 친숙해져 갑니다.

**사회자** ── 마침 살롱과 관련하여 댓글 질문이 올라온 게 있네요. '18세기 후반 프랑스의 살롱에서 진보적 귀족이나 상층 부르주아지들의 지적 유희로 소비된 것이 계몽사상이지 않은가? 지식인 계층에서 계몽사상이 유행했다는 것이 프랑스 혁명에 얼마나 영향을 주었을지는 의문이다'라는 의견을 주셨습니다. 고 교수님, 어떤 답변을 주시겠습니까?

**고정식** — 혁명 전 프랑스의 살롱에서 계몽사상이 유행했다는 것을 단순히 지식인층의 지적 유희로만 볼 수는 없습니다. 지식인 사이에서 인간 해방의 이념에 대해 열렬한 공감이 확산되어 간 것으로 보아야 합니다. 가톨릭 국가를 대표한다고 자부했던 프랑스에는 종교적 열정에 대한 비판을 맹렬하게 전개한 계몽사상가들이 많았습니다. 교회의 지적 권위를 부정하고 일상생활에서 교회의 영향력을 약화시킨 것은 계몽사상 확산의 결과인데, 이는 절대 군주의 권위에도 타격을 입혔어요. 계몽사상가 자신이 혁명적이지는 않았지만, 종교를 비판하고 인간의 합리적 이성에 대한 믿음을 강조했던 그들의 사상은 대단히 혁명적이었습니다. 그래서 프랑스 혁명 초기 국민의회에서 채택한 '인권선언'에 계몽사상가들의 주장이 고스란히 반영된 것이고요.

**신사학** — 프랑스 혁명이 진전되어 가는 과정에서도 살롱을 통한 계몽사상의 영향은 상당히 컸다는 이야기를 덧붙이고 싶네요. 1791년 헌법이 공포되고 입법의회가 소집되었을 때도 의원들은 유명한 부인들의 살롱에 모여 토론과 논쟁을 벌이고 여론을 주도해 나갔어요. 그중 지롱드파는 센강 퐁네프 근처에 있는 롤랑 부인의 살롱에 모였지요. 롤랑 부인[5]은 루소의 작품을 애독하는 정열적인 민주주의자였어요.

'지롱드파의 심장'이라고 불린 프랑스 혁명기의 여성 정치가이다. 1791년 지롱드파의 명사들에게 자기 집을 개방하며 혁명을 진행시키기 위하여 활약했다. 루이 16세의 처형 이후에는 자코뱅파와 대립하다 공포정치 시기 때 처형되었다. 처형되기 직전 다음과 같은 유명한 말을 남겼다. "오! 자유여, 그대의 이름으로 얼마나 많은 죄를 범할 것인가!"

**사회자** ─ 계몽사상과 관련한 살롱의 이미지가 무척 흥미롭습니다. 우리나라에서는 한때 술을 파는 가게의 이름으로 살롱을 썼던 기억이 있습니다만, 프랑스 혁명에서는 완전히 다른 느낌이군요! 심도 깊은 이야기라 잠깐 중간 정리를 해 볼까요? 계몽사상이 직접적으로 프랑스 혁명의 발발에 영향을 주었다고 보기는 힘들지만, 혁명이 진행되는 과정에서 계몽사상이 제시한 근대적인 정치관이 현실에서 실현되었고, 이 과정에서 유럽 사회가 시민 사회로 나아갔다고 정리하면 될까요? 계몽사상가들이 의도한 것은 아니지만 시민혁명에 사상적 기반을 제공했다는 거죠. 그럼 이런 계몽사상이 특별히 프랑스에서 절대 군주에 대한 존경심을 무너뜨리는 역할도 했었나요?

**신사학** ─ 1770년대와 1780년대에는 검열제도에 맞선다고 주장하며 계몽사상의 주제뿐만 아니라 왕실을 포함하여 저명 인사들을 비방하는 금서들이 많이 출간, 유통되었습니다. 삼류문인이라고 불리기도 했던 이들 후기 계몽사상가들은 생활을 유지하기 위한 돈이 필요하여 인신 공격과 명예 훼손을 일삼았지만 결과적으로 군주제, 특권 계급, 교회의 권위에 대한 존경심을 무너뜨렸습니다.

**사회자** ─ 프랑스 혁명 직전과 혁명이 진행되는 와중에 성직자나 왕실의 방탕함을 주제로 교회와 왕실을 비방하는 시나 산문, 그림들이 널리 유포되고 있었다는 것은 이제 잘 알려진 이야기죠. 이런 금서들도 구체제의 권위를 훼손시킴으로써 사람들의 생각을 변화시키고 현실 개혁적 방향으로 행동하게 만들었다고 보시는군요. 계몽사상이 군주에게 영향을 끼쳐 정치나 사회 제도 개혁을 이끌어 낸 사례는 없는지 궁금합니다. 계몽군주라고 불리는 지배자도 있지 않습니까?

고정식 — 네. 계몽사상의 직접적인 영향을 받던 동유럽형 국가의 군주들을 말씀하시는 거죠? 프로이센의 프리드리히 2세나 오스트리아의 요제프 2세, 러시아의 예카테리나 2세 등이 나라의 군사적 효율성 추구와 신민들의 복지를 위한 개혁을 추진하는 데 계몽사상은 큰 영향을 주었습니다. 이들 동유럽형 국가들은 군주가 계몽사상을 수용하여 제도 개혁에 나섰지만 그것뿐이었습니다. 지배층의 문화나 민중의 생활양식에서는 어떤 변화의 움직임도 보이지 않아요. 프랑스 혁명에 끼친 파급력과는 차이가 컸죠.

사회자 — 점점 18세기 프랑스가 가진 독특한 점이 무엇이었는지가 궁금해지는군요. 그럼 이쯤에서 혁명이 발발하게 된 프랑스의 사정을 좀 더 구체적으로 살펴보기로 하겠습니다.

---

주제 3
제3신분이란 무엇인가? 전부다!

---

사회자 — 앞서 18세기 말에 프랑스에서 혁명이 일어나게 된 원인 두 가지를 짚어 보았습니다. 여기서 한 가지 의문점이 생기네요. 생산력의 발전이나 계몽사상의 유행은 당시 서유럽 각 지역에서 진행되고 있던 상황이었습니다. 그런데 왜 유독 프랑스에서 그토록 격렬한 혁명이 일어나고 전개되었을까라는 점입니다. 프랑스 혁명은 독특

한 현상이었는지 두 분 교수님 의견을 들어 보도록 하죠.

**신사학** — 먼저, 프랑스 혁명이 18세기 유럽에서 예외적인 사건이라고 볼 수는 없다는 점을 말씀드리고 싶네요. 프랑스 혁명을 전후한 시기에 유럽 각지에서는 많은 혁명 혹은 정치적 혼란이 발생하고 있었습니다. 스위스 제네바시의 민주화 투쟁, 미국의 독립혁명, 벨기에의 민주화 투쟁, 폴란드 혁명 등이 있었어요. 또 18세기 유럽은 만성적인 전쟁 상태였습니다. 중세 말의 백년전쟁에 빗대어 18세기를 '제2차 백년전쟁'이라고 부를 정도였지요. 재정 적자로 인한 세금 수탈과 그에 대한 반발심이 프랑스에 국한된 일은 아니라는 겁니다. 게다가 국민의 반발을 감지하고 어떻게든 소요나 폭동 등 사회 불안이 확대되는 것을 막고자 하는 움직임도 있었고요.

**고정식** — 저는 조금 다르게 봅니다. 역사의 전개과정을 살펴보다 보면 우연한 일들이 쌓이고 쌓여 뭔가 큰 변화를 만들어 내는 때가 많습니다. 18세기 말 프랑스도 그런 경우가 아닌가 싶어요. 18세기 후반 루이 15세는 7년 전쟁(1756~1763년)에서 영국에 패해 북아메리카의 식민지를 상실했고, 루이 16세는 미국의 독립전쟁을 지원하느라 당시 프랑스 재정의 4년치 수입보다 많은 돈을 지출했습니다. 특히 7년 전쟁에서의 패배와 미국 독립혁명 전쟁을 지원한 것이 되돌리기 어려울 만큼 큰 재정 부담을 프랑스 왕실에 안겼다고 보아야 할 것입니다. 이 재정 부족을 해결하기 위해 루이 16세는 그동안 면세라는 특권을 누리던 귀족에게 세금을 부과하려고 삼부회를 소집한 거죠.

**신사학** — 앞서 말씀드린 바와 같이 18세기 유럽에서 전쟁을 벌인 것은 프랑스만은 아니지 않습니까? 특히 18세기의 세계대전이라고 불리는 7년 전쟁에는 영국, 프로이센, 오스트리아, 프랑스, 러시아를 비롯해 스웨덴, 에스파냐, 작센 등 당시 유럽의 주요 세력들이 대부분 참여하여 국력을 쏟아부었고요. 이들 국가의 전쟁 비용으로 인한 재정 적자도 막대하지 않습니까? 프랑스의 재정 부족이 혁명의 도화선이 되었다는 의견은 선뜻 동의하기 어렵습니다.

**사회자** — 두 분 교수님, 프랑스의 재정 문제에 대한 시각에 차이가 있으시네요. 프랑스 왕실이 끊임없이 전쟁에 개입했고 베르사유 궁전 건축과 화려한 궁정 생활을 유지하는 데도 엄청난 재정을 쓰고 있었던 것은 널리 알려진 사실이죠. 고 교수님, 프랑스 재정을 악화시킨 다른 요인이 있을까요?

**고정식** — 군비의 측면에서도 프랑스가 훨씬 돈이 많이 드는 구조였어요. 영국은 해군만 유지하면 되었으나 프랑스는 육군과 해군을 함께 유지하느라 평상시에는 재정 지출의 3분의 1 정도인 군비가 전시에는 그 두 배로 늘어났습니다. 또 프랑스는 영국에 비해 효율적인 신용체계를 갖추지 못했기 때문에 왕실에서 발행하는 채권의 이자 부담만 해도 한 해 국가 수입의 40% 정도를 써야 할 정도였습니다.

**사회자** — 18세기 유럽 각국 가운데 특히 혁명 직전 프랑스 왕실의 재정 위기가 가장 심각했고 파산 직전이었다는 말씀이시네요. 이 재정 위기를 해결하려고 루이 16세가 삼부회를 소집한 것이 혁명의 도화선이라는 의견을 주셨는데요, 신분에 따른 정치 참여 방식에서 프랑스가 가진 특수성도 있을까요?

신사학 —— 저는 재정 위기 자체보다도 이를 해결하는 방법에서 프랑스가 좀 특수한 상황이었다는 점을 지적하고 싶어요. 프랑스에서는 가장 부유한 특권층이 면세의 특권을 누렸어요. 많은 상층 귀족이 실제 세금을 부담하고 있던 상인과 사업가를 깔보고 있었는데 이들 부르주아지 세력은 신분적 특권을 얻기 위해 국가권력에 참여하고 싶어 했습니다. 프랑스 혁명은 절대 군주의 재정 문제 해결 방식에 대한 귀족 내지 특권층의 저항에서 시작된 거죠. 영국에서는 부유한 젠트리 계층이 당시 유럽에서 가장 무거운 세금을 토지세로 부담하고 있었는데 이는 이들이 이미 18세기에 의회를 장악하고 있었기 때문에 재정 문제는 의회에서 협의를 통해 해결될 수 있는 구조였습니다.

고정식 —— 프랑스 성직자와 귀족층의 독특함은 좀 더 자세히 살펴봐야 한다는 지적에 저도 동의합니다. 혁명 과정에서 성직자와 귀족들이 속속 제3신분에 합류했거든요. 프랑스 교회는 혁명 직전 프랑스 왕실 재정 수입의 절반에 가까운 엄청난 수입을 가지고 있었습니다. 그러나 수입의 분배는 매우 불균등해서 하급 성직자들의 불만이 컸습니다. 프랑스 혁명에 이들 하급 성직자가 많이 가담했죠. 그런데 거의 모든 고위 성직자는 귀족 출신인 반면에 하급 성직자는 중류 부르주아지, 장인층, 부유한 농민층 출신이었습니다. 1789년 1월, 『제3신분이란 무엇인가』라는 책을 썼던 시에예스 신부[6]도 성직자였지만 삼부회에는 제3신분 대표로 선출되었고, 혁명의 방향과 제3신

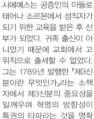

시에예스는 공증인의 아들로 태어나 소르본에서 성직자가 되기 위한 교육을 받은 후 신부가 되었다. 귀족 출신이 아니었기 때문에 교회에서 고위직으로 출세할 수 없었다. 그는 1789년 발행한 『제3신분이란 무엇인가』라는 소책자에서 제3신분의 중요성을 일깨우며 혁명의 방향성이 특권의 타파라는 것을 명확히 제시하였다.

분의 포부를 실천하는 데 앞장섰지요.

**사회자** — 결국 프랑스에는 절대왕정 체제에 대한 불만을 가진 하급 성
직자 계층이 많았다는 말씀이시네요. 귀족층은 어떤 모습이었죠?
프랑스 귀족들의 정치적 역할은 유럽 각국과 비교해 볼 때 별다른
차이가 없었나요?

**신사학** — 유럽에서 귀족은 모든 나라의 정치, 사회생활을 지배했습니
다. 그런데 귀족 내에서도 부와 지위에 상당한 차이가 있어서 영지
의 소유에 따른 경제력을 가진 특권층과 국가 연금에 의존해야 하
는 하급 귀족으로 분화됩니다. 이들 빈민 귀족층이 제3신분과 결합
하여 혁명을 주도하는 세력이 되었다는 것이고요. 이에 비해 영국
의 지배층은 신사층(젠트리)이라고 불리는 사람들로 대부분 영지를
가지고 있었습니다. 영지는 부와 신분의 주된 원천이었고 동시에
많은 신사는 스스로가 사업가로 활동하며 부를 축적하고 있었어요.
이들은 일찍이 의회를 장악하고 정치 권력을 행사하고 있었기 때문
에 왕실과의 갈등은 의회를 통해 조절되었다고 봐야 합니다.

**고정식** — 동유럽형 국가에서 귀족들은 왕실에서 주는 연금에 생활을
의존하고 있었기에 왕정에 반기를 들 생각은 아예 없었다고 봐야 합
니다. 러시아나 프로이센의 귀족들은 절대왕정에 협력하면서 특권
을 누린 반면 시민층으로부터 엄격하게 분리되어 있었습니다.

**사회자** — 그럼 프랑스 제3신분의 상층에 위치한 부르주아지들은 정치
권력을 획득하고자 하는 욕구가 강했던 것인가요? 제3신분이 인구
의 절대 다수를 차지하고 있었으니 그들의 처지가 동일하지는 않았

겠죠?

**신사학** —— 상업과 제조업에 종사하는 대부분의 사람을 프랑스에서는 부르주아지라고 불렸는데, 이들은 제3신분의 상층에 위치하는 기득권 집단으로 특히 프랑스에서는 정치생활과 밀접히 연관된 법률가가 많았습니다. 이 부르주아 엘리트들이 계몽사상의 세례를 받으면서 부조리한 사회체제를 바꾸려는 열망을 가지게 된 거죠. 때마침 소집된 삼부회에 파견할 제3신분의 대표를 뽑는 선거에서 이들이 대거 대표로 선출되며 시민혁명의 주도세력으로 부상한 것입니다.

**고정식** —— 18세기 동유럽에서는 수도 이외에는 도시라고 부를 수 있는 곳이 없었고 따라서 부르주아지라는 사회 집단도 존재하지 않았습니다. 러시아에는 아시다시피 농노제가 뿌리 깊게 남아 있어 18세기에 부르주아지는커녕 제3신분 자체가 부재했고요. 이 점을 프랑스와 비교해 보면 아주 흥미롭습니다.

**사회자** —— 프랑스의 귀족층이나 상층 부르주아지의 특징에 대해서는 두 분 교수님 의견이 일치하는 것 같군요. 그럼 마지막으로 구독자 질문을 한 가지 소개해 드리고, 두 분의 의견을 들어 보기로 하겠습니다. 18세기 기후 변동이 프랑스 혁명이 일어나는 데 영향을 주었다는 주장이 있는데, 이에 대해서는 어떻게 생각하세요?

**고정식** —— 프랑스는 유럽에서 가장 풍요로운 농업 국가였지만 농사의 풍흉에 따라 국민 대다수의 생활 조건이 달라졌어요. 기후 변동이 농사에 절대적 영향을 끼친다는 점을 생각해 보면 당연히 영향이 있었다고 보아야겠죠. 그런데 참 우연하게도 18세기 후반에 급격한 이상기후 현상이 자주 나타납니다. 불행히도 1770년, 1772년, 1774년에 흉작이 거듭되면서 밀가루 가격이 폭등했는데 1774년 5월에는 '밀가루 폭동사건'이라고 불릴 정도로 큰 소요 사건이 일어났습니다. 시위 군중이 국왕이 거처하는 베르사유 궁전으로 몰려가 밀가루 값을 내려 달라고 요구하기까지 했지요. 빵이 부족하거나 물가가 오르면 위정자를 탓하며 봉기하는 경험을 한 것이었습니다. 혁명 직전 해인 1788년 여름에는 돌풍과 우박이 떨어져 농사를 망칩니다. 그해 겨울에는 기온이 영하 20도 가까이 내려가서 동사하는 사람도 많이 나왔습니다. 밀가루와 땔감 가격이 급상승하던 시기가 1789년이었습니다.

**신사학** ── 도시민은 매일 식량을 사서 생활하고 있었는데 식량 부족으로 인한 봉기의 경험이 하층 도시민의 정치에 대한 관심을 높였다고 봐야 합니다. 관심이 높아진 상태에서 제3신분의 대다수를 구성하던 하층 도시민이 삼부회에 파견할 대표를 선출하는 과정은 아주 특별한 정치적 경험이 됩니다. 당면한 프랑스 사회의 문제점과 개혁의 방향에 대한 부르주아의 연설을 들었고 다수 의견을 모아 국왕에게 제출할 진정서를 작성했습니다. 삼부회 회의 진행을 참관하며 때로는 지지를 표시하고 때로는 비난을 퍼붓는 행위는 자주 나타났는데 이는 농민과 도시민이 정치 생활을 경험하게 되고 이로써 새로운 정치 문화가 탄생했음을 보여 주는 것이죠.

**사회자** ── 네. 기후 변동이 정치에 대한 관심을 불러일으키기까지 하는

군요. 하지만 이것이 혁명으로 연결되는 과정에는 삼부회 소집과 같은 우연한 사건들이 연결되어 있다는 점도 살펴보아야 하겠습니다. 상층 부르주아 계층이 제3신분의 대표로 직접 정치 활동에 뛰어들어 프랑스 혁명의 주역이 되는 이야기가 아주 흥미로웠습니다.

## 마무리 발언

**사회자** — 아쉽게도 시간이 다 되었습니다. 프랑스 혁명의 발생 원인에 대해 신사학 교수님 특별히 더 언급해 주실 부분은 없으신가요?

**신사학** — 네, 특별히 더 자세하게 부연할 내용은 없습니다. 다만, 프랑스 혁명이 왜 일어났는가에 대한 의견은 다양하다는 것을 꼭 이해해 주셨으면 합니다. 프랑스 왕실의 재정 위기가 구체제의 모순(특권 계급의 면세 특권과 제3신분의 정치적 권리 부재)과 만나 혁명이 촉발된 것이라는 시각에도 비판적인 의견이 있다는 것을 이해해야 합니다. 즉, 특권 계급의 절대왕정에 대한 저항이 우연하게도 제3신분의 정치적 권리 요구나 민중의 폭발적인 위기의식과 만나 혁명으로 진화한 것은 아닐지 살펴보아야 합니다. 역사적 대사건을 바라보는 시각은 다양하며, 다양한 해석이 모여 실체를 이해하는 데 도움을 준다는 점을 꼭 생각해 주시기 바랍니다.

**사회자** — 오늘 두 분 교수님과의 대담을 통해 프랑스 혁명의 원인에 대해 깊이 있는 이야기를 나누었습니다. 다소 지루하셨을 수도 있으나 프랑스 혁명이 가지는 역사적 의미를 새롭게 생각해 보는 계기가 되셨기 바랍니다. 대혁명으로 세계사에 큰 변혁을 가져온 프랑스 사람들은 이후 개인의 자유와 창의성을 존중하는 정치제도를 만들어 나갔고, 사회생활 전반에서 관용의 태도를 중시하는 풍토를 조성해 나갔죠. 프랑스 대혁명을 경험하며 프랑스 사람들이 가지게 된 정신적 자산이 결국 오늘날 우리가 프랑스 하면 떠올리는 낭만적인 문화와 예술의 나라라는 이미지를 만든 것이라는 점도 기억해야 하겠습니다. 다시 한번 긴 시간 대담에 응해 주신 두 분께 감사드립니다. 이것으로 '프랑스 혁명은 왜 일어났을까'에 관한 전문가 대담을 마치도록 하겠습니다. 끝까지 지켜봐 주신 모든 분께 감사드리며 또 다른 주제로 만나 뵐 수 있기를 기대합니다.

# 나폴레옹, "내 사전에 불가능이란 없다"

▲ 알프스를 넘고 있는 나폴레옹
© Jacques Louis David

"내 사전에 불가능이란 없다"

알프스 산중의 생베르나르 고개를 넘어 이탈리아 원정에 나섰던 나폴레옹이 남긴 말입니다. 이 고개는 일 년 내내 눈으로 덮여 있는 험난한 길이었으나 1800년 5월 나폴레옹은 이 고개를 8일 만에 넘어 오스트리아의 배후를 친다는 기상천외한 작전을 지휘했습니다.

흔히 프랑스 혁명이 낳은 최고의 영웅으로 나폴레옹 보나파르트(1769~1821년)를 떠올립니다. 나폴레옹은 지중해에 있는 코르시카섬에서 태어났습니다. 나폴레옹이 태어나던 해 코르시카에 대한 지배권이 제노바에서 프랑스로 넘어가 그는 우연히도 프랑스 사람이 되었습니다. 파리사관학교를 졸업한 후 포병 소위로 근무하던 나폴레옹은 1789년 혁명이 발생하자 열광적으로 가담했습니다. 1793년 프랑스를 위협하던 영국군이 점령하고 있던 툴롱항을 탈환하는 작전에서 승리하면서 나폴레옹은 역사의 무대에 이름을 올립니다. 1795년 파리에서 혁명정부를 전복시키려는 왕당파의 쿠데타(방데미에르 13일의 쿠데타)가 발생하자 국민공회의 요청을 받고 파리 시내에서 대포를 쏘며 왕당파를 분쇄하였습니다. 이 사건을 계기로 26세의 나폴레옹은 방데미에르 장군이라는 별명을 얻으며 공화국의 영웅이 되었습니다.

이후 나폴레옹은 이탈리아 원정에서 크게 승리하여 명성을 쌓고 이집트 원정에 나섰다가 도중에 돌아와 직접 쿠데타(1799년 11월 9일)를 일으켜 정치권력을 장악해 버립니다.

나폴레옹은 쿠데타 이후에 5년간 공화정을 유지하다가 드디어 1804년 12월에 황제로 즉위하였습니다. 그는 교황이 머리에 제관을 씌워 주는 격식을 무시하고 스스로 제단 위에 놓여 있는 관을 들어 제 머리에 썼고, 계단 밑에 꿇어앉아 있는 아내 조세핀에게도 자기 손으로 관을 씌워 주었습니다.

나폴레옹은 프랑스 혁명의 가치인 자유와 평등에 더하여 프랑스의 영광과 명예라는 자긍심을 병사들에게 심어 주며 프랑스 군대의 사기를 높였습니다. 그러나 그는 자신의 형제들을 주변국의 왕으로 임명하고, 혁명의 적이었던 오스트리아 합스부르크가의 황녀인 마리 루이즈와 재혼하면서 국민의 지지를 잃어 갔습니다.

결국 대외적으로 영국을 굴복시키기 위해 내린 대륙봉쇄령에 대해 유럽 각국의 불만이 쌓여 가는 가운데 나폴레옹이 러시아 원정에서 대패하자 곧 프랑스에 맞서는 동맹군이 결성되었습니다. 1814년 동맹군이 마침내 파리를 점령하였고 나폴레옹은 파리의 남쪽 60km 지점에 위치한 퐁텐블로 궁에서 퇴위당해 엘바섬으로 유배되었습니다. 1815년 유배된 지 1년이 채 안 되어 엘바섬을 탈출한 나폴레옹이 파리로 돌아와 다시 황제가 되었지만 워털루 전투에서 패배함으로써 백일천하로 끝나고 말았습니다. 나폴레옹은 영국 해군에 투항하여 영국에 영주하기를 희망했지만 대서양에 위치한 세인트헬레나섬에 유배되어 생을 마감합니다. 그의 유해는 사후 19년이 지난 1840년 파리로 옮겨져 파리 폐병원, 지금의 앵발리드 군사박물관 지하에 안치되었습니다.

나폴레옹은 프랑스 혁명과 함께 역사의 무대에 등장하였고 혁명과 함께 성장하며 권력을 키웠습니다. 결국 쿠데타로 프랑스 혁명에 종말을 고했지만 대외 정복 전쟁 과정을 통해 유럽 각국에 프랑스 혁명의 이념을 전파했습니다. 혁명의 풍운아다운 일생이었습니다.

**마무리 하기**

**프랑스 혁명은 왜 일어났을까**

**1. 다음 프랑스 혁명에 대한 토론 내용을 보고, 각 주장에 관한 근거를 정리해 적어 보세요.**

| 프랑스 혁명은 왜 일어났을까? | |
| --- | --- |
| 프랑스 혁명,<br>무대 위<br>주인공은 시민인가? | 혁명을 주도한 사람들은 시민이다.<br>근거 : |
| 계몽사상,<br>혁명의 등불이었나? | 계몽사상가로 불리는 일군의 철학자들이 프랑스 혁명에 영향을 끼쳤다.<br>근거 : |
| 제3신분이란 무엇인가?<br>전부다! | 제3신분이 인구의 절대 다수를 차지하고 있었고 시민혁명의 주도 세력<br>으로 부상하였다.<br>근거 : |

**2. 프랑스 혁명에 관한 본인의 생각을 적어 보세요.**

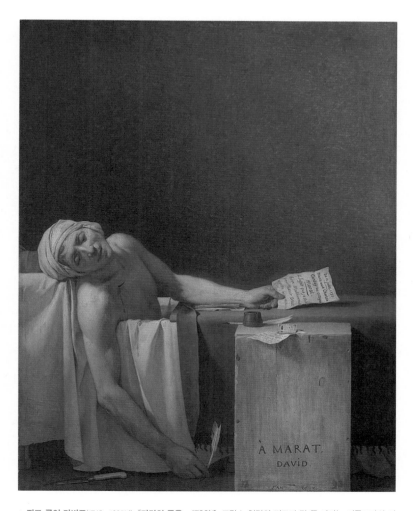

▲ **자크 루이 다비드**(1748~1825년), **「마라의 죽음」, 1793년.** 프랑스 혁명의 지도자 장 폴 마라는 지롱드파의 지지자인 샤를로트 코르데라는 25세의 여성의 칼에 찔려 죽었다. 마라의 친구이며 쟈코뱅당의 지지자였던 자크 루이 다비드가 친구의 죽음을 추모하기 위해 마라를 혁명의 순교자 모습으로 고안하여 신고전주의 양식으로 그린 작품이다.

· 쟁점 6 ·

# 서양의 지배

— 왜 서양이 지배했는가

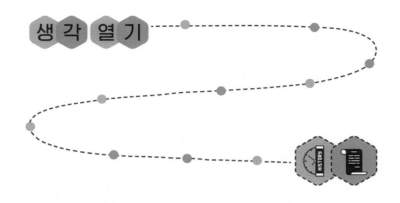

민주주의, 자본주의, 주식회사, 컴퓨터, 인터넷, 영화 등등. 현재 우리의 정치, 경제, 사회, 문화에서 중요한 비중을 차지하는 것 중 서양에서 유래하지 않은 것을 찾기 힘듭니다. 그래서 서양을 선진국이라 부르면서 우리가 보고 배우며 따라잡아야 할 대상으로 여기고 있습니다.

서양은 언제부터 선진국이 되었을까요? 19세기 초반에 누가 앞으로 세계를 주도하게 될 것인가 물었다면 많은 사람이 서양 국가, 그중에서도 산업혁명이 처음 시작된 영국이라고 이야기했을 것입니다. 하지만 15세기 중반의 사람들에게 앞으로 어느 나라가 대항해 시대를 주도할지 물었다면 어떤 대답이 나왔을까요? 아마 콜럼버스보다 80여 년 먼저 정화[1]의 함대로 동남아시아, 인도를 지나 아프리카 동해안까지 이르렀던 중국을 꼽는 사람들이 많았을 것입니다. 그렇다면 서양이 언제나 선진국은 아니었다고 볼 수 있겠지요.

중국 명나라의 환관이다. 영락제의 명령으로 거대한 원정단을 이끌고 항해에 나섰다. 1405년부터 시작된 여러 차례의 항해에서 정화의 함대는 동남아시아, 인도, 아프리카 동해안의 여러 나라를 방문하여 조공 관계를 맺기도 하였다.

▲ 아메리카 대륙에 상륙한 콜럼버스. 사실 콜럼버스보다 80여 년 먼저 대규모 함대를 이끌고 멀리 아프리카 동해안까지 이르렀던 정화가 있었다.

© Dióscoro Puebla

　　서양이 세계를 지배하게 된 이유는 무엇일까요? 대표적인 대답은 서양인(백인종)이 유색 인종보다 뛰어나기 때문이라는 주장입니다. 지금은 과학적인 근거가 사라진 주장이지만, 한때 많은 사람이 받아들였지요. 서양이 동양보다 뛰어난 문화를 이룩했기 때문이라는 설명도 있는데 동양과 서양의 본질적인 격차가 있다는 점에서 앞의 주장과 비슷한 점이 있습니다. 이런 주장에 따르면 서양의 지배는 필연이고 동양이 합리성과 실험 정신 같은 서양의 특성을 익히지 않으면 서양을 따라잡을 수 없다는 결론에 이르게 됩니다.

　　하지만 이에 대한 반론도 많습니다. 서양이 세계를 지배한 것 처럼 보이지만, 정화의 함대 사례에서 보듯이 시간을 거슬러 올라가면 동양이나 다른 지역이 서양보다 앞서 있었던 때가 있었습니다. 따라서 동양과 서양이 지닌 특성이 본질적으로 다르지 않다는 것이지요. 양쪽 모두 닥쳐오는 문제들을 해결하기 위해 선택하는 방법들이 달랐을 뿐입니다. 결코 한쪽이 더 합리적이거나 진취적이거나 자유를 추구하는 본성을 타고나서가 아니라는 주장입니다. 오히려 역사의 우연적인 요소가 동양과 서양의 차이를 낳았다고 보는 것이죠.

이번 장에서는 이렇게 서양의 세계 지배를 두고, 역사적 필연으로 보아야 할지 아니면 역사적 우연으로 보아야 할지에 대한 열띤 논쟁이 벌어질 예정입니다.

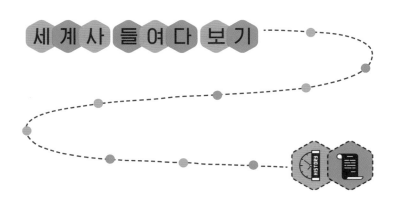

▲ **크리스토퍼 콜럼버스**(1451~1506년)

1492년에 세계사적으로 아주 중요한 사건이 일어났습니다. 에스파냐 왕실의 후원을 받아 대서양을 가로지르는 인도행 항해에 나섰던 크리스토퍼 콜럼버스가 아메리카 대륙의 서인도 제도에 도착한 것입니다. 비슷한 시기 포르투갈은 아프리카 남단을 돌아 인도에 도달하는 항로를 개척하였습니다.

당시 유럽은 향신료, 비단, 도자기와 같은 동양의 상품에 대한 수요가 증가하고 있었는데, 오스만 제국의 등장으로 지중해를 이용해 동양과 연결되는 무역로가 막히게 됩니다. 대서양 연안에 위치한 에스파냐와 포르투갈이 동양과 직접 무역을 할 수 있는 새로운 길을 찾아 나선 이유입니다.

신항로 개척과 신대륙 발견 이후 서양은 중상주의[2] 정책을 바탕으로 적극적인 해외 무역 확대에 나서게 됩니다. 에스파냐는 아메리카의 아스테카 제국과 잉카 제국을 정복하고, 금광, 은광 개발을 통해 막대한 금과 은을 유럽으로 가져왔습니다. 포르투갈을 시작으로 유럽 국가들은 아프리카의 흑인 노예를 아메리카로 데려와 담배, 설탕, 목화 등의 작물을 생산해 유럽으로 보내는 삼각 무역 체제를 만들었습니다. 이슬람, 인도, 중국 상인들이 활약하고 있던 인도양 지역에서도 영국, 프랑스, 네덜란드 등이 세력을 키우고 무역을 확대하였습니다.

그러나 서양 나라들이 무역 확대에만 힘쓴 것은 아니었습니다. 에스파냐의 아스테카와 잉카 제국 정복에서 보듯, 무력을 앞세운 유럽 국가들은 식민지 쟁탈전에 앞다퉈 뛰어들었습니다. 중국이 영국에 패배하여 무릎을 꿇게 된 아편 전쟁[3]은 서양이 동양을 뛰어넘고 세계를 지배하게 되었음을 보여 주는 상징적인 사건이었습니다.

아편 전쟁에서 중국은 증기의 힘으로 움직이는 영국의 철제 군함에 상대가 되지 못했습니다. 18세기 후반부터 시작된 산업혁명으로 영국은 세계 최고의 강대국이 될 수 있었습니다. 이에 자극받은 독일, 미국, 프랑스 등도 산업혁명의 대열에 뛰어들게 되고 서양의 경제적, 군사적 힘은 다른 지역을 완전히 압도하게 되었습니다. 20세기 초가 되면 아메리카뿐만 아니라 아시아, 아프리카 대부분이 영국, 독일, 프랑스, 미국 등 서양 국가들의 식민지가 되었습니다. 말 그대로 서양이 세계를 지배하

상업과 무역을 통해 국가의 부를 늘리는 경제 정책. 유럽 각국은 금, 은 같은 귀금속이 국부의 원천이라 생각하여 무역 통제를 통한 금, 은의 보유량을 늘리기에 힘썼다. 이를 위해 수출을 증대하고 수입을 억제하는 한편, 국내 산업을 보호하고 식민지 쟁탈에 경쟁적으로 나섰다.

무역 적자 상태에 있던 영국이 인도에서 재배한 아편을 밀수출하자, 아편 중독자의 증가와 은의 유출로 사회 경제적 문제가 심각해진 중국 정부가 아편의 수입을 금지하였다. 그러자 영국 정부는 중국이 자유 무역의 원칙을 훼손했다는 명분으로 아편 전쟁을 일으켰다.

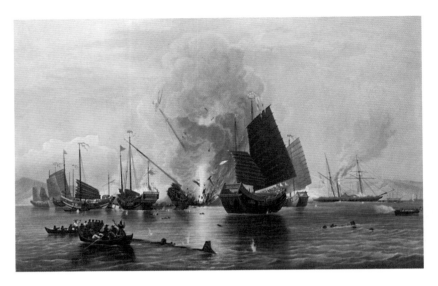

▲ 영국 증기선 군함의 포격으로 침몰하는 중국의 정크선

© Edward Duncan

게 된 것입니다.

서양의 지배가 확대되면서 서양인들은 자신들이 세계를 지배하게 된 이유를 찾기 시작했습니다. 처음에는 종교적인 데서 이유를 찾았으나, 과학혁명과 계몽주의 시대를 지나면서 그리스·로마의 유산에서 비롯된 이성적, 과학적 사고 때문이라고 생각하게 됩니다. 그러면서 서양은 합리적이고 자유로운 사회를 이룩하며 역사적으로 진보해 온 반면, 동양은 전제적인 체제하에서 커다란 변화 없이 정체된 사회가 계속 유지되어 왔다고 분석하였습니다.

자연 세계와 마찬가지로 인간 사회도 인종적으로 우열이

있고, 서양인(백인종)이 가장 발전한 단계에 있어서 다른 세계를 지배하게 되었다는 주장도 등장하였습니다. 백인우월주의 또는 인종주의라고 불리는 이 주장에 따르면 서양의 세계 지배는 야만 또는 미개 상태에 있는 비서양 세계가 문명화되기 위해 어쩔 수 없이 겪어야 할 과정으로 합리화될 수 있었습니다.

하지만 과학적, 역사적 지식이 축적되면서 서양인의 우월성에 의문을 던지는 사람들이 늘어났습니다. 인류를 인종으로 나눌 수 있는 생물학적인 차이는 없다는 것이 과학에 의해 밝혀졌습니다. 피부색, 머리카락 색깔 같은 외모의 차이는 각자가 처한 환경에 적응하는 과정에서 나타난 결과일 뿐이기 때문입니다. 역사적으로는 서양과 동양이 독자적으로 발전한 별개의 세계가 아니라 아주 먼 옛날부터 연결되어 있으면서 크고 작은 영향을 주고받아 왔다는 사실들이 밝혀졌습니다. 무엇보다 서양인들이 동양의 국가들을 경외의 눈빛으로 바라보는 때도 있었다는 것도 알게 되었습니다. 그러니 언제나 서양이 동양보다 우월했으며, 서양의 지배가 역사적으로 필연이었다는 생각을 다시 검토해 볼 필요가 있지 않을까요?

# 왜 서양이 지배했는가

20세기 초 아시아, 아프리카, 아메리카, 오세아니아 등 세계 대부분은 서양 국가의 식민 지배를 받고 있었다. 인도와 중국 등 최초의 문명을 세우고 뛰어난 역사와 문화를 수천 년 동안 간직해 왔던 나라들마저 서양 앞에 무릎을 꿇어야 했다.

과거의 식민지는 사라졌지만 지금도 우리는 서양을 선진국이라 부르며 정치, 경제, 사회, 문화 등 거의 모든 분야에서 그들을 보고 배우려 애쓰고 있다. '서양이 세계를 지배한다'는 말이 지나치지 않게 들리는 이유이다.

자연스럽게 사람들은 왜 서양이 세계를 지배하게 되었는지 궁금해하게 되었다. 서양인은 다른 지역 사람들이 갖지 못한 특별한 능력을 타고난 것일까? 서양의 지배는 필연적으로 일어날 수밖에 없는 일이었을까? 이에 JWBS 방송에서는 '서양의 지배'를 필연으로 볼 수 있는지 확인해 보는 맞짱 토론 시간을 마련하였다.

**사회자** ── 시청자 여러분 안녕하십니까? 세계사의 뜨거운 쟁점을 짚어 보는 JWBS '세계사 맞짱 토론' 시간입니다. 이번 토론의 주제는 '왜 서양이 지배했는가?'입니다. 서양 국가들이 과거는 물론 지금도 정치·경제·문화적으로 세계를 주도하고 있는 것처럼 보이는데, 이것이 필연인지, 그 이유는 무엇인지 살펴보고자 합니다. 서양의 지배가 필연이라는 입장인 나서양 선생님과 서양의 지배는 우연에 불과하다는 최동양 선생님 두 분을 모시고 진행하겠습니다. 두 분 오늘 토론에 응해 주셔서 감사드립니다. 먼저, 서양의 지배가 필연이라고 보시는 나서양 선생님께서 말씀해 주시기 바랍니다.

**나서양** ── 고대 그리스의 역사가 헤로도토스는 페르시아 전쟁을 기록할 때, '민주적이고 자유를 사랑하며 역동적인' 그리스와 '전제적이고 수동적이며 침체된 페르시아'를 대비하면서 자유를 추구하는 그리스인의 정신이 승리의 원인이라고 했습니다. 저는 헤로도토스가 서양이 지배하는 이유를 아주 잘 지적했다고 봅니다. 서양과 동양의 역사를 비교해 보면 이성적이고 과학적인 사고, 창의성과 모험심, 혁신 추구, 자율과 독립성 존중 같은 덕목들이 서양인의 것이라는 것을 알 수 있습니다. 동양인에게는 이런 덕목들이 부족하기 때문에 서양의 지배를 허용할 수밖에 없었지요.

**최동양** ── 우리의 일상생활에서 많은 것이 서양에서 비롯된 것은 사실이니, 지금으로서는 '서양이 지배한다'는 표현이 아주 틀린 것은 아닙니다. 하지만 언제나 서양이 우월했다고 생각하는 것은 큰 착각입니다. 오히려 근대 사회가 성립되기 전까지는 동양이 서양보다 앞섰다고 할 수 있는 증거가 많습니다. 18세기의 유명한 계몽주의 철학자인 볼테르가 '세상에서 가장 현명하고 가장 질서 있는 나라'로 중국을 소개하면서 유럽이 중국을 본받아야 한다고 이야기한 적도 있지 않습니까? 그러니 나서양 선생님께서 말씀하시는 덕목을 서양인만 가지고 있다는 생각은 옳지 않습니다.

주제 1

## 서양인은 특별한가

**사회자** — 시작부터 기싸움이 대단한 느낌입니다. 서양인이 지닌 남다른 특성 덕분에 동양을 앞설 수 있었다는 나서양 선생님의 말씀에 최동양 선생님께서 반론을 제기하셨습니다. 나 선생님, 조금 전 이야기의 구체적인 근거가 필요할 것 같습니다.

**나서양** — 그렇죠. 길게 설명할 것도 없습니다. 그리스의 철학과 민주정, 로마의 법, 크리스트교, 르네상스와 종교개혁, 신항로 개척, 과학혁명과 계몽주의, 산업혁명, 시민혁명 등등. 누구나 아는 서양사의 중요 사실들이 아까 제가 말씀드린 덕목들을 발견할 수 있는 역사적 근거라는 것은 굳이 덧붙여 말씀드리지 않아도 아실 것입니다.

**최동양** — 서양인들만이 독창적이고 합리적이라는 주장은 옳지 않습니다. 서양이 중세 사회에서 근대 사회로 나아가게 한 데 큰 구실을 했다고 평가받는 화약과 나침반, 활판 인쇄술이 어디에서 탄생했습니까? 아라비아 숫자는 어디에서 생겨났던가요? 동양이 없었더라면 서양은 중세 암흑기에서 벗어나지 못했을 수도 있어요.

**나서양** — 하지만 그것을 어떻게 활용하는가가 더 중요하지 않을까요? 아시다시피 18세기 후반 계몽사상가들이 편찬한 『백과전서』[4]는 당시의 낡은 사상과 관습을 무너뜨리고 시민혁명을 일으키는 무기가 되었지요. 그보다 조금 이른 시기 중국 청나라에서는 『고금도서집성』[5]이라는 백과사전이 출간되었습니다. 『백과전서』보다 더 많은 자료가 담겼지만 일부 관료나 지식인 몇몇이 읽는 게 고작이었지요. 서양에서는 지식과 기술이 사회 변화를 낳고, 변화한 사회가 다시 새로운 지식과 기술을 낳으며 계속 진보와 혁신을 이루어 왔지만, 동양은 그러지 못했어요.

**사회자** — 잠깐 여기서 확인할 것이 하나 있는 것 같습니다. 나 선생님, 동양과 서양 사이에 나타나는 차이는 두 지역 사람들의 타고난 차이, 그러니까 생물학적인 차이에서 비롯되었다고 생각하시는 건가요?

**나서양** — 이 질문에는 대답을 잘해야 할 것 같군요. 서양인과 동양인 사이의 생물학적 차이 때문에 서양과 동양의 발전에 차이가 생겨났다는 말은 아닙니다.

**사회자** — 인종적인 차이가 원인은 아니라는 말씀이십니까?

**나서양** — 그렇습니다. 역사가 흐르는 동안 서양인들이 만들어 낸 민주적, 합리적, 진보적 특성을 지닌 제도와 문화들로 인해 지난 역사가 서양을 뒤쫓는 동양의 서양화 과정이 되었던 것이죠.

프랑스 혁명의 사상적 배경이 된 저작으로, 디드로와 달랑베르 등이 과학·기술·학술 등 당시의 학문과 기술을 집대성하여 1751년부터 출간하기 시작했다.

중국 청나라 때의 백과사전으로 1725년에 완성되었다. 천문, 지리, 풍속, 역사, 의학, 종교, 문학 등을 집대성한 중국 최대의 백과사전이다.

호모 사피엔스의 진화에 대한 가설로는 두 가지가 있다. 하나는 호모 에렉투스가 전 세계에 퍼져 서식하다가 각각의 지역에서 호모 사피엔스로 진화했다고 보는 '다지역 기원설'이다. 다른 하나는 아프리카 지역에서 호모 사피엔스가 발생된 후 전 세계로 퍼져 나갔다는 '아프리카 기원설'이다. 미토콘드리아 DNA 분석 결과, 현재의 인류는 약 15~20만 년 전 아프리카에 살았을 것으로 추정되는 여성의 후손이라는 결과가 나와, '아프리카 기원설'에 힘을 실어 주었다.

**최동양** ─ 동양인과 서양인의 생물학적 차이를 이야기하는 것은 인종주의에 빠져들 위험이 있는데, 나 선생님께서 그런 입장은 아니라고 하시니 다행입니다. 지금까지의 연구 결과에 따르면 현재의 인류는 모두 같은 호모 사피엔스의 후예입니다. 아프리카에서 태어난 '이브'의 자식들[6]이라고 하지요. 그리고 백인종, 황인종, 흑인종의 구분과 우열이 한때 과학으로 포장되기도 했지만, 현재로서는 근거가 없습니다. 과학은 우리 눈에 보이는 인종의 차이가 환경에 적응하면서 나타난 결과일 뿐이라고 이야기하니까요.

**사회자** ─ 동양과 서양의 차이가 생물학적인 우열, 즉 인종적 차이에서 비롯된 것은 아니라는 점에는 모두 동의하시는 셈이군요.

**나서양** ─ 네. 역사적으로 축적된 제도적, 문화적 차이에서 비롯된 것이라고 봅니다.

**최동양** ─ 서양과 동양이 제도적, 문화적으로 다른 길을 걸어왔다는 말씀에는 동의합니다. 문화나 제도의 차이는 같은 일을 다른 방식으로 처리하면서 생겨난 거죠. 그러다 보니 각 사회의 상황과 필요에 따라 어떤 것은 먼저 어떤 것은 뒤에 등장하기도 하지요. 서양인만 과학적이고 이성적이라는 생각은 전혀 과학적이지도 이성적이지도 않습니다. 서양은 기술력과 경제력, 무엇보다 군사력이 강해서 세계를 지배하게 된 것일 뿐입니다. 그것도 과거에 언제나 그랬던 것이 아니라, 인류의 오랜 역사에 비추어 보면 비교적 최근의 일이지요.

**사회자** ─ 네, 최동양 선생님께서 자연스럽게 다음 주제와 연관되는 말씀을 해 주시네요. 최 선생님께서는 지금은 서양이 지배하는 것처럼 보이지만 언제나 그랬던 것은 아니라고 하셨는데, 그렇다면 서양의 지배는 언제부터 시작되었다고 보시는지요?

## 주제 2
## 서양의 지배는 언제부터 시작되었나

**최동양** — 네, 사람마다 의견이 조금씩 다릅니다만, 저는 대략 18세기 후반 영국에서 시작된 산업혁명이 결정적인 계기가 되었다고 봅니다. 여러 가지 기술 혁신으로 등장한 새로운 기계 장치들이 새로운 에너지 사용법, 즉 증기기관과 결합되면서 서양은 놀라운 생산 능력을 갖추게 되지요. 그 덕분에 경제적, 군사적으로 동양을 뛰어넘는 성장을 이루게 됩니다.

**나서양** — 아닙니다. 더 거슬러 올라가야 해요. 저는 1492년 콜럼버스의 항해가 중요하다고 봅니다. 세계사의 무대가 유라시아뿐 아니라 아프리카, 아메리카까지 포괄한다고 하면, 콜럼버스가 아메리카 서인도 제도에 발을 디딘 때부터 비로소 진정한 세계사가 시작되었다고 할 수 있는데, 이미 이때부터 서양이 세계사를 주도합니다. 신대륙과 인도양 항로의 발견 이후 에스파냐, 포르투갈에 이어 네덜란드와 영국이 차례차례 국제 무역의 주도권을 쥐게 되고, 서양 각국이 세계 곳곳에 식민지를 세우게 되지요. 내부적으로는 종교개혁과 과학혁명, 시민혁명 등을 거치면서 서양은 근대 사회로 진입하고, 이

근대 사회의 요소들이 세계 각지로 퍼져 나갑니다.

최동양 —— 콜럼버스의 항해가 중요한 사건이기는 하지만, 서양의 지배가 그때부터라고는 할 수 없지요. 콜럼버스의 항해가 있기 80여 년 전 정화의 함대가 아프리카 해안까지 항해를 하고 귀국했는데 보선이라 불리는 함선의 크기가 콜럼버스의 배를 압도하고 항해 거리도 더 멀었다는 것은 잘 아시지요? 그만큼 중국의 선박 제조 기술이나 항해 기술이 발달했다는 증거 아니겠습니까? 대략 18세기까지는 동양의 기술력이나 경제력이 서양을 앞서거나 비슷한 수준이었습니다. 1792년에 영국은 조지 매카트니 경을 대표로 하는 사절단을 보내 중국과의 무역을 확대하고자 했지만, 당시 사절단을 맞이한 건륭 황제가 중국은 서양의 물품이 필요하지 않다면서 냉담하게 거절한 적도 있습니다. 또 영국의 산업혁명을 선도하게 되는 면직물 산업의 기술 혁신도 당시 최고급으로 평가받던 인도산 면직물의 수입에 대처하기 위한 노력의 결과였지요.

나서양 —— 그렇게 거만하게 나왔던 중국이 얼마 뒤 일어난 아편 전쟁으로 영국에 무릎을 꿇었지요? 천하의 중심을 자처하던 중국이 사실은 종이호랑이에 불과하고 영국이 전 세계를 호령할 힘을 가졌다는 것이 드러난 사건이지요. 서양의 추월은 오래전 시작되었지만 그게 19세기에 뒤늦게 눈으로 확인된 거라고 봐야 하지 않을까요? 산업혁명은 몇백 년 동안 서양이 쌓아 온 경제적, 사회적 성장의 결과로 일어난 것이지 어느 날 갑자기 시작된 것이 아니에요.

최동양 —— 그렇다고 해서 언제나 서양이 앞서 있었다고 할 수는 없지요. 에스파냐는 왜 콜럼버스의 대서양 항해를 후원했을까요? 포르투갈은 왜 아프리카 남단을 돌아 멀리 인도까지 가려고 했을까요? 당시 유럽에서는 향신료와 비단, 도자기 같은 동양 상품의 인기가 높아 이 상품들을 수입해 오면 비싼 값에 팔아 큰돈을 벌 수 있었습니다. 그런데 강력한 오스만 제국이 등장하면서 동양의 상품을 수입할 무역로가 막히자 새로운 길을 찾아 나섰던 것 아닙니까?

**나서양** ── 그렇다고 해서 동양이 더 앞서 있었다고 할 수는 없을 것 같습니다만.

**최동양** ── 제 말을 끝까지 들어 보세요. 서양인들이 도착한 인도양 세계에는 이미 이슬람, 인도, 중국 상인들이 누비고 다니는 국제적인 무역망이 만들어져 있었어요. 포르투갈을 비롯한 서양의 상인들은 이 국제 무역망의 신입생이었던 것이죠. 게다가 서양은 동양과 무역을 하면서 늘 적자였습니다. 당시 값비싼 동양의 상품들을 수입하던 서양은 마땅한 수출품이 없었는데 마침 아메리카 대륙에서 엄청난 금과 은을 약탈할 수 있었기 때문에 무역 적자에도 불구하고 동양의 상품들을 사들일 수 있었던 거예요. 또 안팎으로 전쟁을 벌이는 데 필요한 비용도 여기에서 충당할 수 있었고요. 어쩌면 아메리카 대륙이 없었다면 유럽의 경제적, 군사적 성장과 동양 따라잡기는 불가능했을 거예요.

**나서양** ── 다른 대륙을 약탈한 것이 큰 영향을 끼쳤다고 하는데, 확실히 에스파냐가 아메리카로부터 들여온 금과 은의 양이 엄청났고 유럽 경제에 큰 영향을 끼친 것도 사실입니다. 하지만 에스파냐가 해

외 무역과 상공업의 여러 가지 혁신을 통해 성장한 네덜란드나 영국에 뒤처진 것을 보면 서양의 성장을 금과 은 덕분이라고 보는 것은 지나친 단순화입니다.

**사회자** — 네, 토론의 열기가 아주 뜨거워지는 것 같습니다. 두 분 조금 진정하시기 바랍니다. 서양이 언제부터 동양을 앞섰는가에 대해서도 두 분이 한 치의 양보 없이 팽팽하게 주장을 펼쳐 주셨습니다. 이제 다음 주제로 넘어가 볼까 합니다.

---

### 주제 3
## 왜 서양에서 산업혁명이 일어났을까

---

**사회자** — 세계사를 되돌아보면 인구나 경제가 언제나 성장하는 것은 아니었습니다. 기후 변동이나 자연재해, 질병 때문에 성장과 쇠퇴를 주기적으로 반복하면서 아주 완만하게 증가하는 경향이 있었지요. 그런데 1800년 무렵을 지나면서는 성장 속도가 가파르게 올라가는 모습을 보이게 됩니다. 이것은 아무래도 산업혁명 때문이라고 할 수 있을 것 같은데, 서양이 세계를 지배하게 되는 결정적 요인도 산업혁명이라고 많은 사람이 인정하는 것 같습니다. 그런데 왜 산업혁명은 동양이 아니라 서양에서 일어났을까요?

**최동양** — 서양은 혁신과 도전이 가능한 사회였다는 점이 무엇보다 중요한 것 같습니다. 서양은 한 국가에 좌우되지 않는 국가 간 경쟁 체제가 형성되다 보니 국가 차원에서 기술적, 사회적 혁신과 도전을 장려하고 지원하는 분위기가 생겨났습니다. 이탈리아 출신인 콜럼버스가 에스파냐 왕실의 후원을 받아 항해에 나설 수 있었던 것도 이런 환경 덕분이었지요. 또 특허권처럼 지적 재산권을 보호하는 제도들이 있어서 기업이나 개인이 더 많이 생산하고 더 많이 팔 수 있는 방법을 찾는 데 시간과 에너지를 아끼지 않았습니다. 게다가 종교개혁으로 등장한 프로테스탄티즘이 이런 이윤 추구 행위를 도덕적으로 뒷받침해 주기도 했지요.

**사회자** —— 다양한 도전과 실험을 가능하게 하는 사회적 환경이 산업혁명을 낳았다는 말씀이시죠?

**나서양** —— 그렇습니다. 반면에 동양에서는 수천 년 동안 전제 왕권이 지배하는 체제가 지속되면서 점차 사회적 활력이 떨어진 데다 민간 차원의 자율적인 혁신과 도전이 장려되지도 않았어요. 그러니 국가의 관심과 지원이 줄어들면 기술이나 사회 발전이 정체될 수밖에요. 정화 함대의 원정이 콜럼버스의 항해보다 시기적으로 앞섰지만, 서양이 신항로 개척과 함께 전 세계의 바다로 나아갈 때 오히려 중국은 바다에서 철수한 사례도 있지 않습니까?

**최동양** —— 중국이 해양 진출을 포기한 것은 개척 정신이 부족해서가 아닙니다. 국제 무역으로 막대한 부를 얻을 수 있었던 서양과 달리 중국으로서는 해양 진출에 드는 비용에 비해 이익이 별로 없었어요. 게다가 당시 명나라에는 북방 유목 민족의 위협이 커지고 있었습니다. 1449년 명나라 황제가 몽골족의 일족인 오이라트의 포로가 된 사건도 있었지요. 중국 입장에서는 국력을 기울이고 관심을 가져야 할 곳이 바다가 아니라 북쪽 초원 지대였던 것입니다. 과거 몽골인의 지배를 받았던 중국인들로서는 합리적으로 판단한 셈이지요.

**나서양** — 사회적으로도 중국이 변화와 혁신에 둔감했던 것은 사실이지 않습니까? 영국의 통상 확대 요청에 청나라 건륭제가 보인 태도를 보면 중국은 자기만족에 빠져 서양이 자신들을 추월하고 있는지도 모르고 변화와 혁신에 무관심한 상태였어요. 그런 점에서 아편전쟁의 결과는 필연이었지요.

**사회자** — 혁신을 장려하는 분위기 외에 또 어떤 요인들이 있을까요?

**나서양** — 당시 서양은 식민지와 늘어나는 인구 덕분에 상품 수요가 증가하고 있었습니다. 공장제 수공업 방식[7]으로 생산성이 높아지고 있기는 했지만 기술 혁신이 필요한 상황이었지요.

**최동양** — 인구 증가나 농업 생산력 증가 같은 경우는 중국도 비슷한 상황이었습니다. 수공업에서도 도자기나 비단, 철강 등의 생산에 분업과 전문화가 도입되었습니다.

**사회자** — 최 선생님, 그러면 동양에서 산업혁명이 일어나지 못한 이유가 식민지가 없어서라고 봐야 하는 건가요?

**최동양** — 식민지가 중요한 요인 중 하나인 것은 맞습니다. 영국을 비롯한 서양 나라들은 무력을 동원해 식민지를 세운 뒤 면화, 설탕, 목재 같은 원료와 흑인 노예 등의 노동력을 이용해 제품을 만들어 내다 팔면서 경제를 성장시킬 수 있었습니다. 금, 은의 약탈과 함께 식민지가 없었더라면 서양의 경제적 성장은 불가능했다고 하는 이유지요.

**7**
매뉴팩처라고도 한다. 수공업적인 생산방식이었지만, 임금노동자를 고용하여 분업과 협업을 통해 제품을 대량으로 생산해서 노동 생산성이 높았다.

**나서양** ── 식민지를 보유했던 에스파냐와 포르투갈이 경쟁에서 뒤처지지 않았습니까? 중요한 것은 기술 혁신이지요. 특히 증기기관이라는 새로운 동력의 도입이 중요합니다. 수천 년 동안 바람, 물, 사람, 가축을 사용하던 기계 장치들과 증기기관이 결합하면서 서양은 예전에는 상상할 수 없던 대규모 생산 능력을 갖추게 되었습니다. 게다가 기차와 선박에도 활용하여 세계 곳곳으로 손쉽게 이동할 수 있었지요. 석탄을 사용하는 증기기관이 없었더라면 서양의 기술 혁신도 결국 늘어나는 인구의 벽에 막혀서 과거처럼 쇠퇴의 과정을 밟았을 것입니다.

**최동양** ── 서양에서 동시에 산업혁명이 일어난 것은 아니니까 제가 보기에 질문을 조금 바꾸는 게 옳을 것 같습니다. '왜 영국에서 산업혁명이 일어났는가'로 말입니다. 증기기관이 실용화된 곳도 영국이지요. 그런데 저는 다른 우연적인 요소가 더 큰 작용을 했다고 봅니다.

**나서양** ── 왜 영국인지 묻는 게 낫다는 의견에는 저도 동의합니다. 산업혁명 당시의 영국은 명예혁명 이후 정치가 안정되어 있었습니다. 또 당시 영국은 노동자의 임금이 비싼 편이었기 때문에 비용 절감을 위한 기술 혁신의 필요성이 크기도 했지요.

**사회자** ── 그렇군요. 최 선생님, 그 우연적인 요소에 대해 구체적으로 말씀해 주시겠습니까?

**최동양** ── 저 역시 증기기관의 사용이 중요한 요소라고 생각합니다. 그런데 이 증기기관의 동력원으로 사용되는 석탄이 영국에서는 노천 탄광이 많아 채굴이 쉬운 데다 마침 산업 지대 가까운 곳에 있어서 증기기관 보급에 큰 이점이 되었습니다. 반면에 중국은 이미 송나라 때부터 제철 산업의 발달과 함께 석탄 사용이 일반화되었고 증기의 원리도 알고 있었지만, 상대적으로 임금은 싼 반면 석탄 채굴 비용이 영국에 비해 비쌌습니다. 증기기관 도입 같은 기술 혁신의 필요성이 적었던 것이지요.

**나서양** — 글쎄요. 석탄 문제 때문에 영국 산업혁명의 시작이 조금 늦어지거나 서양의 다른 나라에서 먼저 시작되었을 것이라고 생각할 수는 있겠지만, 그렇다고 중국에서 먼저 시작되지는 않았을 것입니다. 당시의 중국은 서양처럼 인구 증가로 인한 생산성의 한계가 드러나고 있었지만 그걸 해결할 만한 변화나 혁신의 조짐은 찾아볼 수가 없었기 때문입니다.

## 마무리 발언

**사회자** — 네, 두 분 사이에 열띤 토론이 오가고 있는데, 이제 마무리를 해야 할 시간이 다 되었습니다. 아쉽지만 두 분의 마지막 발언을 듣고 이 자리를 정리하도록 하겠습니다. 먼저, 최동양 선생님께 부탁드립니다.

**최동양** — 사실 지금까지 동양과 서양은 서로 영향을 주고받으며 앞서거니 뒤서거니 하면서 발전해 오다가 세계화의 진전으로 하나의 세계가 되었습니다. 지금의 세계는 기후 변화, 식량·자원 문제, 난민 문제 등 개별 국가 차원에서 해결할 수 없는 문제가 많아지고, 또 심

각해지고 있습니다. 이제는 누가 왜 더 나은가를 따지기보다, 동양
과 서양, 아니 전 세계가 이런 문제들을 어떻게 함께 풀어 나갈 것인
가를 더 많이 고민해야 할 때가 아닌가 합니다.

**나서양** — 오늘 토론에서 서양의 우수함에 대해 주로 이야기를 했습니
다만, 마지막 발언은 조금 다른 이야기를 하는 게 좋을 것 같습니다.
서양이 세계를 지배하던 시기에 아메리카, 아시아, 아프리카에서
많은 주민이 인적, 물적 피해를 겪었던 것을 우리는 알고 있습니다.
또 서양인이 합리적이고 앞선 문명을 이룩했다고 하면서도 세계대
전과 같은 처참한 사건을 일으킨 것에 대한 책임의식을 느낄 필요도
있을 것 같습니다. 그런 반성 위에 이제는 떼려야 뗄 수 없이 연결된
전 세계가 공존과 평화를 유지하면서 살아갈 수 있도록 서양과 동양
이 함께 노력해야 할 것입니다.

**사회자** — 네, 서로 양보 없는 설전을 주고받았지만, 마무리 발언에서
는 두 분의 생각이 일치하는 것 같습니다. 이것으로 '세계사 맞짱 토
론―왜 서양이 지배했는가'를 마치도록 하겠습니다. 긴 시간 토론에
임해 주신 두 분 선생님과 시청해 주신 모든 분께 감사드립니다.

▲ 빅터 길럼, 「백인의 짐」, 「저지」, 1899년.

『정글북』의 작가로 유명한 영국 소설가이자 시인인 러디어드 키플링은 미국이 필리핀을 침략하여 식민지로 삼은 사건을 배경으로 1899년 「백인의 짐」이라는 시를 발표했습니다. 이 시에서 키플링은 필리핀 사람을 '반은 악마이고, 반은 어린아이'라고 묘사하면서 미국의 필리핀 지배가 백인이 져야 하는 고귀한 짐이라고 이야기합니다.

같은 해에 미국 시사 잡지 「저지」에도 키플링의 시에서 따온 '백인의 짐'이라는 제목의 만평이 실렸습니다. 만평에는 각각 영국과 미국을 상징하는 두 사람이 커다란 바구니를 지고 땀을 뻘뻘 흘리며 바위투성이 언덕을 오르고 있습니다. 바구니 속에는 영국과 미국의 식민지를 상징하는 사람들이 있고, 언덕 꼭대기에는 '문명'이 두 팔을 벌리고 두 사람을 기다리고 있습니다.

시와 만평의 내용을 종합해 보면, 유색 인종을 깨우쳐서 문명 세계로 인도하는 것이 백인의 사명(짐)이기 때문에, 자신들을 희생하면서까지 그 짐을 지고 있다는 주장입니다. 당시 미국과 영국을 비롯한 서양 열강은 세계 각지를 침략해 식민지를 건설하는 제국주의 정책을 앞다투어 실시하고 있었습니다. 그러면서 자신들의 제국주의 정책과 식민지 지배를 정당화하는 논리를 내세우는데, '백인의 짐'은 그들의 논리를 아주 잘 보여 주는 표현입니다.

# 왜 서양이 지배했는가

**1. 다음 서양의 지배에 대한 토론 내용을 보고, 각 주장에 관한 근거를 정리해 적어 보세요.**

| | 왜 서양이 지배했는가? | |
|---|---|---|
| 서양인은 특별한가? | 서양인은 특별하다.<br>근거 : | 동양인과 서양인의 차이는 없다.<br>근거 : |
| 서양의 지배는<br>언제부터 시작되었나? | 콜럼버스의 항해부터 본격화되었다.<br>근거 : | 산업혁명 이후부터였다.<br>근거 : |
| 왜 서양에서 산업혁명이<br>일어났을까? | 기술 혁신이 가능한 사회였다.<br>근거 : | 몇 가지 우연한 요소 덕분이었다.<br>근거 : |

**2. 서양의 지배에 관한 본인의 생각을 적어 보세요.**

▲ **토머스 존스 바커**(1815~1882년), 「**영국 위대함의 비밀**」, 1862~1863년. 영국이 어떻게 강국이 되었는지 궁금해하는 아프리카 대사에게 빅토리아 여왕이 성경을 건네주는 장면이다.

· 쟁점 7 ·

# 유대인 학살

— 나치의 유대인 학살은 왜 일어났는가

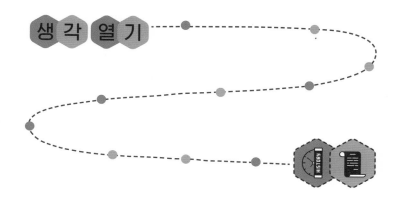

1969년 구스타프 하이네만 독일 대통령은 "서독이라는 나라를 사랑하나요?"라는 질문에 이렇게 대답합니다. "저는 국가를 사랑하지 않습니다. 제 아내를 사랑하지요."

신기하고 놀라운 대답이지요. 한 나라 대통령이라는 사람이 '조국을 사랑하지 않는다'는 뜻으로 이해할 수도 있는 말을 했으니까요. 하지만 독일과 나치의 역사를 들여다보면 그럴 이유가 없지도 않습니다. 국가에 대한 조건 없는 충성과 복종을 강조한 나치 역사가 제2차 세계대전과 유대인 학살이라는 비극을 낳았다는 반성 때문이니까요. 그래서 독일 사람들은 오랫동안 국가에 대한 과도한 충성과 복종을 경계해 왔습니다. 거리에서

▲ 아우슈비츠에 끌려온 유대인들

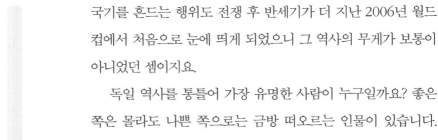

국기를 흔드는 행위도 전쟁 후 반세기가 더 지난 2006년 월드
컵에서 처음으로 눈에 띄게 되었으니 그 역사의 무게가 보통이
아니었던 셈이지요.

독일 역사를 통틀어 가장 유명한 사람이 누구일까요? 좋은
쪽은 몰라도 나쁜 쪽으로는 금방 떠오르는 인물이 있습니다.
바로 히틀러라는 사람입니다. 우주인이 아니고서는 히틀러라
는 이름을 거의 다 아니까요. 그 히틀러와 나치[1]가 행한 '유대인
대학살'도 유명하지요. 남녀노소를 묻지 않고 무려 600만 명을
죽인 역사상 가장 악명 높은 대량학살 사건 말이에요.

히틀러와 나치 독일이 주도한 제2차 세계대전이 끝나고 사
람들은 엄청난 충격에 빠졌습니다. 세계 문명의 중심이라고 뽐
내던 유럽에서 일어난 유대인 학살의 실상이 알려졌기 때문이
지요. 게다가 유럽에서도 최고로 꼽히는 선진국 독일이 제2차
세계대전이 벌어지는 동안 수백만 명의 유대인을 죽였다는 사
실은 특히 유럽과 서양 사람들에게 끔찍한 악몽이 되었습니다.

그때부터 '왜 그런 일이 생겼을까'라는 질문이 시작되었지
요. 당연한 일입니다. 아프리카 흑인이나 아메리카 선주민들의
학살을 비롯해 역사에 여러 대량학살이 기록되어 있지만, 인류
가 과학과 문명의 이름으로 눈부신 발전을 거듭하는 20세기 중
반, 문명의 한복판에서 그런 사건이 터지다니 너무 놀라울 수
밖에요.

처음에는 히틀러와 나치 최고 우두머리들에게 모든 책임을

돌렸습니다. 나치 병사들은 명령을 따랐을 뿐이었다는 논리죠. 물론 히틀러와 나치가 '무슨 이유로 그랬을까'라는 질문도 빠질 수 없었습니다. 대답은 '유대인을 증오했기 때문이다'라고 나왔지요. 간단히 말하면, 그 학살은 '히틀러와 나치가 유대인을 증오해서 벌어진 일이었다'는 것입니다. 나머지 모두는 죄가 없으니 간편한 답이었습니다.

하지만 그런 주장에 반대하는 사람들도 등장합니다. 히틀러와 나치 지도자들에게 책임을 돌리기에는 학살의 규모가 너무 컸고, 수많은 평범한 독일 사람들이 학살에 직접 또는 간접적으로 참여했기 때문입니다. 또 히틀러와 나치의 '유대인 증오가 학살의 핵심적 원인이 아니다'라는 목소리도 나왔습니다. 유대인 혐오는 이미 독일과 유럽 전역에 퍼져 있었고, 희생자 가운데는 유대인이 아닌 사람도 많았다는 사실 때문이었답니다. 과연 어떤 주장이 옳은 걸까요?

자, 그럼 이제부터 타임머신을 타고 역사상 가장 무시무시한 사건의 하나로 일컬어지는 '유대인 학살'이 왜 일어났는지, 즉 누가 책임자이고 그 이유가 무엇인지 알아보기 위한 역사 여행을 떠나 볼까요.

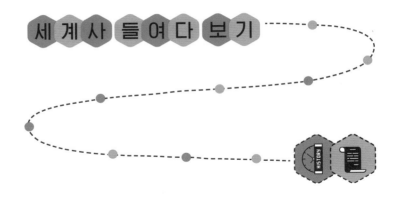

세계사 들여다 보기

히틀러와 나치의 독일 제국은 앞선 바이마르공화국의 실패에서 태어났습니다. 제1차 세계대전에서 패한 독일은 사상 최초로 민주주의 국가인 바이마르공화국을 세우지만 정치적으로 좌우가 대립하며 늘 불안한 상황이었지요. 게다가 제1차 세계대전에 직접 참가한 히틀러는 전후 유대인들이 '독일인의 등에 칼을 찌른 것' 때문에 전쟁에서 졌다고 주장합니다. 유대인들이 전쟁 때 국제적인 연합을 결성해 독일을 고립시키고 경제력을 장악해 혁명을 부추긴 결과 독일이 내부에서 붕괴했다는 믿음이었지요.

어쨌든 히틀러는 뛰어난 연설 솜씨를 뽐내며 승승장구해 1921년 나치당의 당수에까지 오릅니다. 당의 지휘권을 움켜쥔 히틀러는 이때부터 독일에 천문학적인 배상금을 요구한 굴욕적인 베르사유조약의 폐기와 격렬한 반유대주의를 주장하여 주목받았어요. 그러다가 1923년 11월 뮌헨에서 나치 사병을 동원해 반란을 일으키지만 실패하고 감옥에 갇히는 신세로 전락합니다. 하지만 오히려 전화위복이 되었지요. 자기 신념을 담은 책 『나의 투쟁』을 감옥에서 쓰게 되었으니까요. 나치의 경전이자 독일 최대의 베스트셀러를 집필할 기회를 얻은 것이지요.

이 책에는 다양한 내용이 들어 있지만 무엇보다 유대인에 대한 혐오로 가득 차 있습니다.

"유대인은 다른 민족의 몸에 붙어사는 기생충이다."
"그 기생충 때문에 시간이 지나면 주인 민족이 죽는다."
"우리가 할 수 있는 최소한의 일은 이런 기생충을 쓸어버리는 것이다."

처음에 히틀러와 나치당은 별 볼 일 없는 존재였습니다. 1928년 연방의회 선거에서도 나치당의 득표율은 겨우 2.6%에 그쳤으니까요. 하지만 1929년에 터진 세계 대공황으로 바이마르공화국이 큰 위기에 빠지자 상황은 달라집니다. 실업자 수가 400만 명을 넘어섰는데요. 일자리를 찾기 위해 노동청 앞에 길게 늘어선 당시 사진은 경제 위기를 생생히 보여 주지요. 그런 위기를 기회로 삼아 1930년 선거에서 득표율이 18%를 넘으며 급상승하고, 히틀러와 나치 정당의 선전은 힘을 얻어 갑니다. 그 선전의 중요한 수단이 반유대주의였답니다. 게다가 제

▲ 일자리를 찾기 위해 노동청 앞에 길게 늘어선 모습

1차 세계대전 패배로 독일에게 강요된 가혹한 베르사유조약도 문제였지요. 천문학적인 배상금과 모든 식민지 상실, 공군과 전함의 금지와 10만 명 이하로의 병력 제한 등 모든 책임을 독일에게 지운 이 조약은 독일 민족에게 크나큰 치욕으로 다가왔기에, 히틀러와 나치가 독일인의 불만과 분노를 잘 이용했던 것입니다. 제1차 세계대전은 제국주의 국가들이 서로 경쟁하다 벌어진 전쟁이라 모든 책임을 독일에 떠넘긴 것은 받아들이기 어려웠고, 이후 일어날 제2차 세계대전의 중요한 원인이 되기도 했습니다.

어쨌든 1933년 히틀러와 나치당은 득표율 약 44%를 획득하며 합법적으로 정권을 잡습니다. 제1당이 되자 대통령은 마지못해 히틀러를 총리에 임명합니다. 그 직후 히틀러와 나치는 제국의회 의사당 방화사건을 조작해 다른 정당들을 불법화하고 일당 독재로 나아갑니다. 대통령을 겸하는 총통이 된 히틀러가 모든 권력을 장악하지요. 그래서 1933년부터 1945년 패전까지의 12년간을 히틀러와 나치의 시대, 즉 '제3제국'[2]이라고 부릅니다.

신성로마제국과 독일 제2제국을 잇는 세 번째 제국이라는 뜻이다.

제3제국의 출범은 유대인에게 고난과 고통의 시작이었습니다. 이제부터 유대인 차별과 박해가 점점 커져 가기 때문이었지요. 히틀러는 재빠른 경제 발전과 독일 민족의 자긍심 고취로 인기를 이어 갑니다. 총리가 된 지 겨우 3년 만에 경제를 비약적으로 발전시킨다거나 실업을 해소하고 휴가 등을 통해 국민의 여가생활을 증진합니다. 1936년에는 독일의 위대함을 공언하는 선전도구로 베를린 올림픽도 개최하죠. 올림픽 공식 오륜기가 나치 깃발과 함께 휘날리며 나치와 독일의 영광을 세계 만방에 알립니다.

결국, 1939년 히틀러와 나치는 독일 민족의 영광을 명분으로 폴란드를 침공하며 제2차 세계대전을 일으키고, 점령지에서 점차 유대인 학살을 전면적으로 시행해 나갑니다. 하지만 1943년 초 독일군은 소련과의 동부 전선에서 결정적으로 밀려났고, 히틀러는 전쟁 패배를 코앞에 둔 1945년 4월 소련군에

▲ 나치 깃발이 올림픽 오륜기와 함께 휘날리는 독일의 상징 브란덴부르크문

포위된 베를린 총통 관저에서 자살로 생을 마칩니다. 그는 유언에서 "패배의 부끄러움을 피하기 위해 죽음을 선택한다"고 밝혔습니다. 물론 그 사이에도 수많은 유대인이 집단적으로 학살되었고요.

그럼 유대인에 대한 박해와 학살은 어떻게 진행되었을까요? 먼저, 유대인을 2등 국민으로 차별해 갑니다. 권력을 쥔 지겨우 두 달이 지난 1933년 4월부터 히틀러 정부는 독일에서 공식적으로 유대인을 배제하기 시작하지요. 각종 법률을 만들어 모든 공직과 언론에서 유대인을 쫓아냅니다. 정부, 의료, 사법,

학계 할 것 없이 영향력 있는 분야에서 유대인을 모두 내치는 것이지요. 그리고 유대인과 비유대인의 결혼을 금지합니다. 다음 순서는 유대인의 강제 이주였어요. 처음부터 집단학살을 계획하지는 않았던 것이죠.

1938년 11월 9일에 일어난 '수정의 밤'이라는 악명 높은 사건은 유대인 학살의 전환점이 됩니다. 나치 폭력단의 손에 유대인 100여 명이 죽고 유대교 회당 시나고그<sup>synagogue</sup>가 수백 개나 불탔으며, 7,500개의 유대인 가게가 부서지고 3만 명의 유대인이 체포되어 수용소로 강제 이송되는 결과를 낳았으니까요.

이제 나치는 경제적으로 유대인의 재산을 빼앗기 시작합니다. 단체 활동과 회사 및 상점 운영을 금지하고 재산을 몰수하더니, 자동차와 라디오도 가지지 못하게 했지요. 1939년 전쟁 시작과 함께 통행금지를 실시하고, 1941년부터는 유대인 식별을 위해 6세 이상의 유대인은 가슴에 노란색 별표를 달도록 강제합니다. 독일이 유럽을 점령하면서 유대인들의 강제 이주는 이제 유럽 외부로 향해야 했고, 아프리카의 마다가스카르섬이나 시베리아 황무지로 추방하는 계획까지 추진되었지요. 하지만 영국과 소련에 가로막혀 이 역시 제대로 시행되지 못했습니다. 이제 끔찍한 마지막 단계가 남았습니다.

결국 히틀러와 나치는 1942년 베를린 반제<sup>Wannsee</sup>회의를 통해 유대인 문제의 '최종 해결'을 결정하지요. 유럽에서 유대인을 없애는 방법인 체계적인 절멸을 그런 이름으로 불렀습니다. 나치는 공식적으로 사형이나 학살 같은 말을 전혀 쓰지 않았죠. 이 '최종 해결'이라는 결정이 본격적인 유대인 학살의 계기로 자리매김하는데, 보통 네 가지 양상으로 벌어집니다.

우선, 가장 유명하고 상징적인 것으로 '학살 수용소'에서 독가스로 죽이는 체계적이고 기계적인 살인이 있고, 둘째로 '노동 수용소'에서 벌어진 노동을 통한 학살도 진행되었지요. 셋째로 게토[3] 해체나 유대인 마을 파괴를 통한 '유대인 사냥'이 있었으며, 끝으로 전쟁이 끝나기 직전 동유럽 수용소에 있던 유대인을 독일 내부로 끌고 오면서 벌어진 '죽음의 행진'도 악명이 높습니다.

이렇게 유대인 학살은 전쟁 이전의 차별과 배제, 폭력이 전쟁 중의 다양한 방식의 대량학살로 진화하며 발생했습니다. 도대체 왜 이런 끔찍한 일이 일어났을까요? 학살의 책임은 누구에게 물어야 할까요? 또 학살자들은 과연 '악마'였을까요? 그 사건을 어떻게 기억하고 어떤 교훈을 얻어야 할까요? 이제 이런 궁금증을 풀기 위해 전문가들을 모시고 토론을 해 보겠습니다.

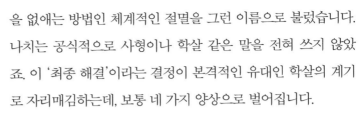

3
중세 이후의 유럽 각지에서 유대인을 강제 격리하기 위해 설정한 유대인 거주지역

# 나치의 유대인 학살은
## 왜 일어났는가

사람들은 유대인 대학살을 역사에서 가장 끔찍한 사건으로 생각한다. 물론 역사는 수많은 학살 사건을 기록하고 있다. 일찍이 유럽인이 아메리카 대륙을 정복하며 벌인 원주민(인디언) 학살을 비롯해, 종교적·이념적 대립으로 일어난 여러 학살과 다양한 소수민족 학살이 역사를 피로 물들였다. 하지만 한 민족이나 종족 전체를 체계적으로 말살하려는 계획이 세워지고 실행된 경우는 유일무이한 일이었기에 수많은 사람이 유대인 학살에 기겁하고 치를 떨었던 것이다.

나치의 '홀로코스트'라고도 불리는 이 학살이 가능했던 데에는 전쟁이라는 특수한 상황이 주요한 역할을 했다고 볼 수 있다. 전쟁 자체가 적대 진영을 무자비하게 파괴하는 양상을 보였기 때문이다.

하지만 유대인 학살의 원인과 주체를 놓고 많은 논쟁과 연구가 쏟아져 나온 것도 사실이다. 이들 연구에서는 나치의 유대인 학살이 왜 일어났을까 하는 질문에 히틀러와 나치의 '반

홀로코스트는 일반적으로 인간이나 동물을 대량으로 태워 죽이거나 대학살하는 행위를 말하는데, 고유명사로 쓰일 때는 제2차 세계대전 중 나치가 자행한 유대인 대학살을 뜻한다.

유대주의'가 핵심이었으며, '히틀러와 나치 최상층부가 학살의 주체였다'고 하였다. 이런 결과는 히틀러와 나치 지도부가 반유대주의를 토대로 유대인 학살을 지시했던 것도 사실이고, 학살 책임자를 정확하게 꼽을 수 있다는 점에서 정답처럼 보인다. 하지만 반유대주의가 일으키는 유대인 혐오는 독일만의 일이 아니었고, 유럽 전체에서 긴 역사적 전통을 가진 현상이었기에 의문이 더해진다. 역사 속에서 유대인이 많은 핍박을 받았지만, 체계적인 절멸이 시도된 경우는 없었기 때문이다. 또 히틀러와 소수의 나치 엘리트가 학살의 핵심이고 나머지는 명령에 따랐을 뿐이라는 주장으로는 수백만 명의 희생자 숫자를 설명하기 어렵고, 이후 여러 가지 다른 증거가 나오며 문제가 더 복잡해졌다.

　　이런 문제를 논의하기 위해 JDS 방송은 '세계사 끝장 대토론' 시간을 마련했다.

**사회자** — 안녕하세요, 시청자 여러분. JDS '세계사 끝장 대토론'입니다. 오늘의 주제는 '나치의 유대인 학살은 왜 일어났는가'입니다. 한 치의 양보도 없는 치열한 토론이 예상되는 가운데 전문가 두 분을 모셨습니다. 유대인 학살의 원인이 반유대주의라는 입장을 가진 반유대 소장님과 인종주의가 더 중요하다고 생각하는 강인종 교수님을 소개해 드립니다. 바쁘신 와중에 저희 토론에 참여해 주신 두 분께 감사드립니다. 그럼 바로 토론에 들어가겠습니다. 먼저, 반 소장님께서 말씀을 해 주시겠습니까?

**반유대** —— 네, 반갑습니다. 좀 일반적인 이야기부터 해 보지요. 사실, 유대인 대학살은 유례가 없는 일입니다. 여러분도 잘 아시고 꽤나 인기가 있었던 감동적인 영화 「인생은 아름다워」와 「쉰들러리스트」, 그리고 다소 최근의 「줄무늬 파자마를 입은 소년」까지 유대인 학살과 관련된 영화가 줄줄이 만들어지는 이유가 그 중요성을 제대로 보여 주는 것이죠. 인류 역사에서 큰 경종을 울린 사건이기 때문에 끊임없이 다루어지고, 또 사람들이 교훈을 얻는 것 아니겠습니까. 「줄무늬 파자마를 입은 소년」에서는 평범한 독일 소녀가 극단적인 반유대주의자로 변하는 과정이 소름 끼치게 잘 표현되어 있습니다. 이는 반유대주의가 유대인 학살에서 얼마나 중요했는지를 보여 주는 증거 아닐까요?

**강인종** —— 그런 부분에서는 저도 반 소장님 의견에 전적으로 동의합니다. 우리가 역사에서 교훈을 얻는다면 그런 끔찍한 사건에서 배울 게 많은 것이 사실이고요. 저도 그 영화를 봤습니다. 유대인 학살이 결국은 모두에 대한 학살이 될 수 있다는 점을 보여 준 비극적인 영화지요. 원작인 책도 훌륭하지만, 유대인에 대한 혐오와 적대감을 생생히 묘사하는 점은 높이 평가합니다.

**반유대** —— 그러니까요. 그 영화에서도 정말 잘 드러나듯이, 평범한 독일 소녀가 극단적인 유대인 혐오를 가진 반유대주의자로 변하는 과정이 너무 적나라하게 그려져 있습니다.

**강인종** —— 그건 좀 다른 이야기입니다. 주인공 소년의 누나가 그렇게 변하는 과정은 가능한 이야기가 맞습니다. 하지만 우리의 질문은 반유대주의가 과연 그 거대한 학살의 근본적인 원인이냐는 것 아닙니까. 그렇다면 저는 거꾸로 이렇게 묻고 싶어요. 많은 사람이 나치 정권하에서 더 심한 반유대주의자로 바뀌었겠지만 영화 한 편으로 그런 문제를 판단하기는 어렵지 않느냐는 것이지요. 좋은 영화, 감동적인 영화가 당연히 진실을 담는 게 아니기 때문입니다. 예를 들어, 많은 사람이 감동한 영화 「인생은 아름다워」를 본 학생들에게 뭐가 기억나는지 물으면, 아들을 보호하기 위한 아버지의 감동적인 사랑이 너무 찡했다고 대답합니다. 물론 저도 그랬지만, 그 영화의 주 무대는 유대인 학살이 벌어진 수용소입니다. 그런데 영화를 보고 나면 부성애만 기억하거든요. 유대인 학살이라는 주제나 교훈을 전하기에는 별로 좋은 영화가 아닌 셈이지요.

---

## 주제 1
## 학살은 반유대주의 때문에 일어난 일인가

**사회자** —— 초반부터 두 분의 의견이 팽팽하고 흥미롭습니다. 이미 논의되기 시작한 학살의 원인 문제에 더 깊게 들어가 보지요. 반 소장님은 유대인 학살의 제일 중요한 원인이 반유대주의가 확실하다고 보십니까?

**반유대** —— 사실 학살의 원인에서 '반유대주의'가 핵심이라는 말은 상식적인 차원입니다. '유대인' 학살이라는 이름이 붙은 이유만큼이나 명백한 것이죠. 히틀러의 유명한 책 『나의 투쟁』만 들춰 봐도 잘 드러나지 않습니까. 그 책은 유대인에 대한 증오로 가득 찬 '유대인 증오 백과사전'입니다. 히틀러뿐만이 아니지요. 당시 독일의 엘리트와 나치 고위층이 유대인 혐오에 물들어 있었다는 것도 분명하고요. 유대인 학살을 다룬 유명한 영화 「줄무늬 파자마를 입은 소년」에도 나치 장교나 병사들이 유대인을 얼마나 혐오하고 증오하는지 오싹하게 나옵니다. 사실 이런 '사실'을 토론 주제로 삼는 게 좀 우스운 일이 아닌가 싶습니다. 강 교수님이 어떤 말씀을 하실지 참 궁금하네요.

**강인종** ── 반 소장님, 너무 자신 있게 말씀하시는군요. 제가 보기에 우리가 상식이라고 생각하는 부분에 의외로 함정이 있는 경우가 많은데, '반유대주의'가 그래요. 히틀러와 나치가 반유대주의에 물들어 있었다는 걸 누가 부정하겠습니까. 오히려 그 반유대주의, 즉 유대인에 대한 혐오 때문에 대학살이 일어났다고 말하며 마침표를 찍는 게 문제라는 말입니다. 그럼, 유럽 다른 나라나 미국에서는 반유대주의가 없었나요? 프랑스의 드레퓌스<sup>Dreyfus 5</sup> 사건에서 볼 수 있듯 유대인 혐오나 증오는 유럽 역사의 단골 손님이고 당시에도 마찬가지였는데 다른 나라에서는 그런 학살이 없지 않았습니까?

**반유대** ── 제 말은 유럽 다른 나라에 반유대주의가 없었다는 게 아닙니다. 분명히 있긴 있었지만 독일과 큰 차이가 난다는 의미입니다. 히틀러와 나치 엘리트는 전반적인 반유대주의를 토대로 완전히 새로운 차원으로 나아갔습니다. 즉, 그들은 유대인이 독일 민족에게 기생하

19세기 말. 프랑스에서 유대인 사관 드레퓌스가 독일 대사관에 군사 정보를 팔았다는 혐의로 체포되어 정치적으로 물의를 빚은 사건이다.

1903년 러시아에서 처음 출판된 이후 여러 언어로 번역되면서 세계 전역으로 확산된 저서로, 추후 반유대주의를 조장하기 위한 목적으로 만들어진 위서로 밝혀졌다.

면서 치명적인 정치적, 인종적 위협을 초래하며 세계를 지배하는 음모를 꾸민다고 확신했던 것이죠. 그 거대한 국제 음모를 담은『시온장로 의정서』[6]가 진짜라고 보았던 것입니다. 그래서 그들을 '박멸'해야 한다고 생각하고 학살을 실천에 옮겼습니다. 반유대주의 음모론과 사이비 우생학을 결합해 유대인에 대한 혐오를 조장하고 학살의 길을 당연시한 것이지요.

강인종 ── 옳은 말씀입니다. 하지만 제 주장의 핵심은 다른 데 있어요. 우선, 히틀러와 나치가 극단적 반유대주의자는 맞지만, 오히려 그 반유대주의가 정권 유지를 위해서 이용된 측면이 큽니다. 즉, 반유대주의가 학살로 가는 지름길이 아니라, 학살을 위해 반유대주의를 선전하고 극단화했다는 말입니다. 유대인 말고도 약 50만 명이 학살되었다는 사실도 아주 중요합니다. 유대인이 아닌 수십만의 집시 민족은 말할 것도 없고 정치적 반대자와 사회주의자들도 학살되었습니다. 게다가 나치는 장애인이나 정신질환자, 만성병 환자 같은 소위 '쓸모없는 독일인'도 수만 명이나 죽였지요. 아리안족의 영광에 도움이 되지 않는다는 이유로 유대인이 아닌 사람들과, 자국민 '독일인'도 학살한 것을 '반유대주의'로 어떻게 설명하겠습니까.

사회자 ── 아, 그렇군요. 유대인 학살에 유대인만 포함된 것이 아니라는 사실이 참 중요해 보입니다. 강 교수님, 조금 더 설명해 주실 수 있을까요?

강인종 ── 물론입니다. 다시 말하면, 히틀러와 나치는 반유대주의자이기에 앞서 인종주의자였다는 것입니다. 오직 게르만족만 위대하고 나머지는 쓸모없다는 생각뿐 아니라, 그 위대함을 위해 허약한 독일 인도 사라져야 한다는 무시무시한 최악의 인종주의가 유대인 학살의 더 근본적인 원인입니다. 나아가 중요한 사실은 나치가 정복한 폴란드에서도 수백만 명이 죽었습니다. 또 나치가 극도로 증오한 소련군 포로도 수백만 명이 사망했지요. 사실은 포로를 굶겨 죽인 것이지요. 그에 반해 프랑스나 영미 군인 포로의 사망률은 아주 낮죠. 이를 종합하면, 히틀러와 나치는 극단적인 인종주의자들이었고, 이게 유대인 학살의 근본적인 원인이라는 말입니다.

**반유대** — 알겠습니다. 하지만 제 생각에는 나치가 폴란드인이나 소련 사람을 혐오했다고 해도 본질은 변하지 않지요. 강 교수님 말씀을 인정한다고 해도, 저는 '반유대주의'가 더 중요하다고 생각합니다. 그것은 희생자 숫자나 당시의 각종 유대인 혐오에서도 잘 드러나니까요.

---

### 주제 2
## 히틀러와 나치 고위층이 학살의 주체였는가

---

**사회자** — 두 분 다 물러서지 않으시는군요. 하지만 토론이 너무 과열 되지 않게, 이쯤에서 다른 주제로 넘어가 볼까 합니다. 그리고 이번에는 두 분 토론자가 친구 찬스로 모신 최고위 교수님과 김일반 소장님이 토론을 이어받으셨습니다. 두 번째 주제도 첫 번째 주제와 연결되어 있습니다. 학살의 주체이자 책임자 문제입니다. 유대인

학살에서 반유대주의의 중요성을 인정하지 않을 수 없고 또 그 반유
대주의 화신이 다름 아닌 히틀러와 나치 아니겠습니까. 자, 어느 분
이 먼저 말씀해 주시겠습니다?

최고위 —— 히틀러와 나치 지도부가 학살의 주체이자 책임자라는 말은
부정하기 어렵습니다. 아니, 더 분명히 하면 히틀러 없는 유대인 학
살은 틀린 말입니다. 히틀러의 『나의 투쟁』이라는 책이 독일 최고의
베스트셀러인 건 아실 테지요. 이미 당시에 천만 부가 넘게 팔린 책
이고 책의 핵심이 다름 아닌 반유대주의 아닙니까. 히틀러가 유대인
절멸을 지시했다고 부하였던 아돌프 아이히만[7]도 밝혔습니다. 이른
바 유대인 '최종 해결', 즉 절멸을 결정한 베를린 반제회의에 모인 사
람들이 바로 나치 지도부 아닌가요? 또 그들이 히틀러의 지시도 없
이 그런 결정을 내렸을까요? 그렇다면 책임과 주체는 히틀러와 그
지도부가 당연한 것이지요.

김일반 —— 최 교수님 말씀 잘 들었지만 제 생각은 좀 다릅니다. 학살의
책임자를 이야기할 때 히틀러와 나치 지도부가 빠지거나 죄가 없다
는 게 아닙니다. 그들은 죄가 있고 그래서 히틀러도 패전을 확신하
고 끝내 자살하지요. 전후 전범재판에서 나치 지도부 24명이 재판
을 받고 그중 12명이 사형에 처해진 것도 죗값을 받은 것이고요. 히
틀러와 지도부가 중죄를 지은 것은 부정하기 어렵지만, 다른 수많은
사람이 과연 책임이 없냐는 이야기입니다. 훨씬 더 많은 사람이 학
살에 가담했다는 말이지요.

최고위 —— 소장님, 그야 당연하지요. 전쟁 후 연합국이 점령한 서독 지

독일 나치의 친위대 장교로,
제2차 세계대전 중 독일과
독일 점령하의 유럽 각지에
있는 유대인을 체포하고 강
제 이주시키는 계획을 실행
한 인물이다.

역에서만도 약 6천여 명이 재판을 받고 7백 명 넘게 사형되었으니까요. 수백만의 유대인이 죽었는데, 어떻게 수십 명만 책임이 있겠습니까.

김일반 —— 교수님 말씀대로 수천 명이 재판을 받고 수백 명이 사형을 받았으니 그것도 적지 않은 숫자입니다. 하지만 사실 훨씬 더 많은 학살 가담자가 있었다는 게 중요하지요. 불과 몇 년 전에도 학살에 가담한 나치 군인이 재판정에 섰지요. 그렇게 학살 경력을 숨기고 살아가던 군인이 전쟁 후 오랜 기간 간간이 기소되어 법정에서 재판을 받았습니다. 하지만 처벌받지 않은 학살자가 얼마나 많겠냐는 것은 둘째 치고, 직접 손에 피를 묻히지 않은 사람들은 과연 죄가 없을까요? 유대인 학살의 수송 업무를 책임진 아이히만도 자신은 명령대로 했을 뿐이고 유대인을 죽인 적도 없다고 했습니다. 그리고 역사학계의 연구 성과에서 나오듯 나치 군인뿐 아니라 예비군들도 수많은 학살에 가담했지요. 평상시 교사나 기술자, 목수 등으로 일하던 평범한 예비군이 패전 직전에 동부 유럽의 수용소에 있던 유대인을 끌고 다니며 학살한 이른바 '죽음의 행진'이 그런 경우죠. 나아가 일부 역사가의 주장처럼 독일군 병사 중 최대 5% 정도만 민간인 학살 같은 전쟁범죄를 저질렀다는 주장이 맞는다고 해도 전범 숫자는 70만 명이나 됩니다. 또 최대 100만 명이 학살에 직접 가담했다는 연구도 나와 있습니다. 그리고 최근 연구에 따르면 전쟁터에서 상부의 명령 없이 이루어진 학살도 많고, 성과를 내기 위해 경쟁적으로 학살을 수행한 경우도 적지 않았습니다.

## 학살자들은 악마였나

**사회자** — 토론 열기가 더 달아오르고 있습니다. 이쯤에서 이런 질문이 가능할 듯합니다. 히틀러와 나치가 학살의 주체이고 책임자라고 보든 아니면 평범한 사람들이 학살에 엄청나게 가담했다고 보든 그들이 있을 수 없는 범죄를 저지른 건 분명한데, 이들을 어떻게 보아야 할까요? 다시 친구 찬스로 투입된 두 분 중 일단 반 교수님이 먼저 이야기해 주셨으면 합니다.

**반문명** — 학살과 관련된 히틀러나 나치, 심지어 평범한 사람들도 다 끔찍한 야만을 저지른 것이지요. 인간이 해서는 안 되는 일을 했으니까요. 반유대주의 때문이든 인종주의적 편견 때문이든 그들은 모두 문명을 모독한 야만인으로 보아야 합니다. 우리 인류가 수천 년간 쌓아 온 소중한 가치를 한꺼번에 무너뜨린 존재들이니까요. 사실, 이 주제는 너무 뻔해서 악마가 아니면 불가능한 일들, 생체실험이나 가혹행위 등 일일이 말할 필요가 없지 않을까요.

**한문제** — 반 교수님은 너무 단정적으로 말씀하십니다. 말씀에 따르면 히틀러를 비롯해 학살에 가담한 수많은 독일인이 야만인이라는 뜻이니까요. 그렇다면 그 야만인들이 전쟁이 끝나고 만든 나라인 서독이 그렇게 번듯한 선진국으로 쉽게 도약하는 것은 설명이 되지 않습니다.

**반문명** — 아니, 한 소장님 말씀이 더 이상하시네요. 일본도 난징 대학

살 같은 세상이 다 아는 학살을 했지만 전쟁 후에는 정상적인 나라
가 되지 않았습니까. 아메리카 인디언을 학살한 역사 위에 세워진
미국은 또 어떻습니까. 그들은 모두 야만적인 일을 벌였지만, 다시
문명으로 돌아온 것이지요. 독일도 마찬가지입니다. 그래서 인류에
희망이 있는 것이고요. 안 그런가요?

한문제 —— 진짜 그런가요? 반 교수님 말씀대로라면 독일뿐 아니라 일본
도 미국도 야만을 행했고 다시금 문명이 된 것이네요. 그렇다면 나
치 유대인 학살의 본질이 나치라는 독일적 문제가 아니라는 이야기
를 조심스럽게 해 볼 수 있지 않을까요. 어쩌면 우리가 '문명'이라고
부르는 것이 '야만'이라는 얼굴을 동시에 가지고 있는 게 아닐까 싶
습니다. 그 문명은 야만을 탈피해서 얻어지는 것이 아니라, 문명의
본질이 야만과 연결되어 있는 것 아닐까요. 그래서 유대인 학살이
더 무서운 것입니다. 문명 속에서 언제나 일어날 수 있기 때문에 더
끔찍한 일이지요.

반문명 —— 그렇다면 문명과 야만은 구별되지 않고 똑같다는 말씀인가
요? 인류가 그동안 쌓아 온 인권이나 평화, 우애 같은 가치가 쓸모
없다는 말씀인가요?

한문제 —— 전혀 그렇지 않습니다. 문명의 본질 속에 야만이라 부를 만
한 것을 야기하는 요소가 있기 때문에 더 조심해야 한다는 말입니
다. 예를 들어, 아우슈비츠에서 유대인을 죽이고 생체실험을 하던
의사들이 남긴 편지가 있습니다. 우리에게 유능한 조교 몇 명만 더
주면 지금 하는 일을 훨씬 더 효율적으로 할 수 있다는 내용입니다.

그럼 이 의사들이 완전히 미친 야만인들일까요?

**반문명** — 그렇게 볼 수도 있지요. 나치 사상을 받아들여 복종했거나 아니면 미치광이가 되고 만 것일 수도 있고요.

**한문제** — 저는 다르게 봅니다. 본질이 나치의 지배와 세뇌 또는 명령이라기보다, 인류 문명의 핵심인 '효율성 추구' 혹은 '도구적 이성'이 유대인 학살에서도 작동했다는 것이지요. 우리 문명의 본질이 '효율성'과 '발전' 아닌가요? 그리고 우리가 믿어 의심치 않는 이성도 목적과 수단을 묻지 않는다면 무시무시한 일에 쉽사리 동원될 수 있다는 것이지요. 그래서 문명의 본질이 변하지 않는다면, 그런 끔찍한 일이 다시 발생할 수 있다는 경고를 유대인 학살이 전해 준다고 봅니다.

**사회자** — 토론 수준이 아주 높아지고 있는 듯합니다. 이쯤에서 두 분의 열기도 좀 식힐 겸 다른 전문가를 모셔 더 깊이 있는 말씀을 들어보겠습니다. 이 전문가는 요즘 관련 분야에서 명성을 떨치고 있는 'AI 스칼라'입니다. 눈치채셨겠지만, 이 분은 인공지능 역사 교수님입니다.

**AI 스칼라** — 안녕하세요. 최고의 지식인 'AI 스칼라'입니다. 나치와 반유대주의자들이 처음부터 대학살을 계획한 게 아니라는 점은 교훈의 실마리가 됩니다. 즉, 그 끔찍한 대량학살이 어떤 과정 속에서 서서히 혹은 순식간에 일어날 수도 있다는 말입니다. 비유가 이상할진 모르지만, 옛날 속담 중 바늘도둑이 소도둑 된다는 말이 있습니다. 처음에 바늘을 훔치면서 나중에 소를 꼭 훔쳐야겠다고 생각

교과서 토론 | 세계사

하지 않듯이, 유대인을 증오하고 경멸하는 것이 정당하다고 생각하다 보면 어떤 상황 속에서 대학살의 길로 나아갈 수도 있다는 말입니다. 처음에는 유대인을 유럽 밖으로 몰아내려고 하다 결국 모두 죽이기로 하는 과정은 처음부터 정해진 게 아니니까요.

**한문제** — 제 생각도 그렇습니다.

**AI 스칼라** — 그리고 앞서 두 분의 논쟁이 된 문제도 역시 교훈이 됩니다. 즉, 유대인 학살 속에서 50만 명이 넘는 비유대인이 살해당했다는 점입니다. 인종과 민족에도 우열이 있다고 믿고 열등한 인종이나 민족을 박해하는 일은 끔찍한 학살로 이어질 수 있습니다. 또 나치는 수많은 소련군 포로를 굶겨 죽입니다. 독일군이 소련을 침략한 후 1942년 봄까지 일 년도 안 되는 기간에 200만 명의 소련군 포로가 목숨을 잃습니다. 그들에게 러시아 사람들은 유대인이 아닌데도 열등한 인종으로 죽여도 되는 존재였던 것이지요. 민간인들도 마찬가지입니다. 독일군은 1943년부터 동부전선 곳곳에서 민간인도 학살하니까요. 유대인이냐 아니냐가 아니라, 열등한 인종으로 취급된 사람들은 죽여도 되는 존재로 전락한 것이지요. 물론 이런 학살은 전쟁 상황에서 더 가능성이 높아지고, 종교적 대립도 그런 학살로 이어집니다. 유대인 학살 이후 코소보 내전에서의 학살과 르완다 학살 같은 경우, 종교와 종족적 대립과 박해가 학살로 이어진 경우라고 할 수 있지요. 유대인 학살의 중요한 교훈은 반유대주의뿐 아니라 인종주의의 무서움을 경고하는 것이지요.

**사회자** — 자, AI 스칼라 님, 이제 마무리 부탁드립니다.

**AI 스칼라** — 나치가 제2차 세계대전 동안, 특히 후반기와 말기에 저지른 유대인 및 소련 포로와 민간인을 포함한 학살은 일종의 끔찍한 '살인의 축제'나 다름 없었습니다. 유대인 대학살이라는 이름과 더불어 우리는 그 종말론적 축제가 인종주의의 이름으로 동부 유럽에서 유대인과 비유대인을 막론하고 저질러졌음을 잊지 말아야 합니다.

## 마무리 발언

**사회자** — 아, 아쉽게도 이제 시간이 다 되었네요. 두 분 모두 다양한 근거를 통해 풍성한 논쟁을 해 주셨습니다. 'AI 스칼라'님의 심도 깊은 내용도 좋았습니다. 유대인 학살이 얼마나 끔찍한지 더 경각심을 가지게 하는 시간이 되었습니다. 처음 토론을 해 주신 두 분께서 마무리해 주시죠.

**반유대** — 사실, 오늘 토론에서 강 교수님과 설전을 벌였지만, 많이 배우고 공감하는 시간이었습니다. 유대인 학살에 수십만 명의 집시와 장애인 그리고 정치범의 죽음이 포함되었다는 점은 그 학살의 원인과 본질에 대한 더 깊은 고민을 안겨 주는 것이라고 생각합니다. 또 제가 잘 몰랐던 내용 가운데 소련군 포로의 아사를 통한 학살과 민간인 학살은 '유대인 혐오'와 무관한 일이기에 저도 느끼는 바가 많았습니다. 토론을 통해 앞으로 연구에 더 박차를 가해야겠다고 다짐했습니다. 우리가 이런 토론을 하는 이유가 다시는 끔찍한 학살이 벌어지지 않도록 하는 것임을 잊지 말아야겠습니다.

**강인종** — 저도 반 소장님과 토론하며 많이 배우고 더 많은 고민을 하게 되었습니다. 반유대주의는 사실 지금 유럽이나 미국의 극우 인종주의 세력의 중요한 바탕임이 분명하니까요. 역사에서 그렇게 끔찍한 경험을 했음에도, 지금도 유대인의 세계적 음모를 말하고 유대인 혐오를 퍼트리는 사람들이 존재한다는 사실은 반유대주의가 얼마나 무시무시하고 끈질긴 것인지 잘 보여 준다고 생각합니다. 심지어, 독일에서도 '독일을 위한 대안'이라는 극우에 가까운 정당이 연방의회에 진출하며 반유대주의와 반이슬람주의를 선동하고 있습니다. 이런 점은 반유대주의와 인종주의가 별개의 것이 아니라, 결국 다른 사람들에 대한 혐오라는 점에서 공통분모가 있음을 잘 보여 준다고 생각합니다.

**사회자** — 자, 이제 '나치의 유대인 학살은 왜 일어났는가'라는 주제의 토론을 끝마치겠습니다. 열띤 토론을 해 주신 여섯 분과 AI 스칼라 교수님, 그리고 지켜봐 주신 시청자와 방청객 분들께 감사드립니다.

# 책이 불타면
# 사람도 불탄다

▲ 베를린 오페라 광장에서 책을 불태우는 나치 청년들
©독일 연방 자료실

나치가 정권을 잡고 맨 먼저 행한 일은 이른바 '분서'라고 하는 '책을 불태우는 것'이었습니다. 1933년 5월 10일 베를린, 나치를 추종하는 '독일대학생연합회'가 주체였지요. 나치 대학생들은 여러 대학 도서관에서 끄집어낸 책들을 모아 베를린 훔볼트 대학 맞은편 오페라 광장에서 불태웁니다. 나치 선전장관 괴벨스가 나와 행사의 마지막을 장식하는 연설을 합니다. 거기서 유대인의 책뿐 아니라 비판적인 작가와 진보적 인물, 종교 개혁가의 책 수만 권이 불태워집니다. 친 나치 대학생들이 앞장서 같은 해 3월과 7월 사이에 50개가 넘는 도시에서 수많은 책을, 아니 자신에 반기를 들 만한 사상들을 불태웠습니다. 일부 대학교수들도 가담해 나치의 광적인 행위를 열렬히 옹호하고 호도했지요. 베를린 분서 사건 현장의 작은 청동판에는 그날 자신의 책도 불태워진 하인리히 하이네의 글이 새겨져 있습니다. "이것은 서막일 뿐이다. 책을 불태우는 곳에서는 결국 인간도 불태운다." 19세기 독일 시인 하이네의 그 예언은 시대는 다르지만 빗나가지 않았습니다. 책을 불태운 나치는 세상을 전쟁의 불구덩이로 몰아넣고 수백만 유대인을 불태워 죽였습니다. 이른바 '지옥의 문'이 열렸고, 이는 책을 불태우는 광기와 야만의 결과였습니다.

## 나치의 유대인 학살은 왜 일어났는가

마무리
하기

**1. 다음 유대인 학살에 대한 토론 내용을 보고, 각 주장에 관한 근거를 정리해 적어 보세요.**

| 나치의 유대인 학살은 왜 일어났는가? | | |
|---|---|---|
| 학살은 반유대주의 때문에 일어난 일인가? | '유대인' 학살이라는 이름처럼 유대인에 대한 혐오가 가장 중요한 원인이었다.<br><br>근거 : | 반유대주의를 포괄하는 인종주의가 더 중요한 원인이었다.<br><br>근거 : |
| 히틀러와 나치 고위층이 학살의 주체였는가? | 학살을 결정할 위치에 있는 존재가 그들이다.<br><br>근거 : | 그런 대량 학살이 명령을 통해 일관적으로 수행되는 것은 불가능하다.<br><br>근거 : |
| 학살자들은 악마였나? | 학살자들이 행한 일은 악마가 아니고는 불가능하다.<br><br>근거 : | 악마로 보기에는 악마의 숫자가 너무 많다.<br><br>근거 : |

**2. 유대인 학살에 관한 본인의 생각을 적어 보세요.**

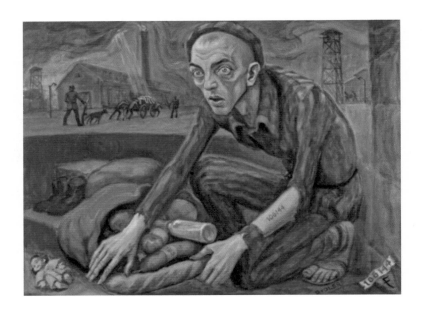

▲ 데이비드 올레레(1902~1985년), 「산 자들을 위한 사자의 음식」, 1942~1962년. 아우슈비츠 수용소의 생존자인 데이비드 올레레는 전쟁이 끝난 후 자신의 경험을 그림과 글로 증언하였다. 이 작품에서는 공포에 질린 채 음식물을 주워 모으는 자신의 모습을 생생하게 표현하고 있다.

· 쟁점 8 ·

# 중동

— 중동은 왜 싸우는가

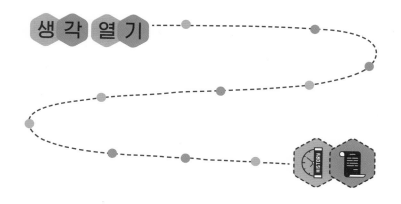

중동은 유럽에서 붙인 이름입니다. 유럽에서는 자신을 중심으로 가까운 아나톨리아 반도(오늘날 터키 지역)를 근동이라 이름 짓고, 그보다 좀 더 떨어진 동쪽 지역을 중동이라 불렀습니다.[1]

여러분은 중동 지역이라 하면 무엇이 생각나시나요? 아라비아 상인? 이슬람교? 석유 부자? 터번을 올려 쓴 아랍인? 우리나라는 1970년대 이 지역의 석유 개발 사업에 적극 참여하면서 놀라운 경제 성장의 기반을 다지기도 하였습니다. 당시 친선 관계를 토대로 이란과는 도로명을 교환하는 협정을 맺어 서울 강남에는 테헤란로, 이란에는 서울로가 지금도 남아 있죠.

여러분이 최근 뉴스 기사에서 자주 본 중동은 주로 테러나 전쟁, 난민에 대한 이미지가 떠오를지도 모릅니다. 몇 년 전 시리아에서 전쟁을 피해 탈출하다 숨진 3세 소년의 시신을 담은 사진을 보고 전 세계인은 경악을 금치 못했습니다. 그러나 중동에서의 분쟁은 오늘날의 일만은 아닙니다. 중동은 70년이 넘

혹자는 이 지역을 '중동' 지역이라고 부르는 것은 유럽 중심주의적인 시각이라고 본다. 현지 주민들은 '아랍'으로 부르는 것을 선호하지만 이란, 터키 등의 국가는 아랍 민족이 아니므로 통상 '중동'으로 표현한다. 주로 서아시아 일대를 말하지만 넓은 의미에서는 아랍, 이슬람 문화권이라는 점에서 북아프리카 일부도 포함한다.

는 세월 동안 종교, 종파, 민족, 정치 이념 등 다양한 요인을 이유로 분쟁을 겪어 왔고, 이 분쟁은 현재 진행 중입니다.

중동의 분쟁 원인에 대해서는 사람들마다 다양한 의견을 가지고 있습니다. 어떤 이들은 중동 지역의 다양한 종교와 민족적 차이로 인한 내부적 갈등을 원인으로 꼽기도 하고, 어떤 이들은 20세기 이후 서구 열강의 제국주의적 침략과 같은 외부적 요인을 원인으로 주장합니다. 실제로 요즘 중동 지역의 떠오르는 정치 세력 중 하나인 이슬람주의자들은 물질만능주의적인 서구 문명이 도입되기 전의 평화로웠던 이슬람 신정 국가로 돌아가야 한다고 주장하고 있습니다.

중동 지역은 왜 분쟁에 시달리는 걸까요? 중동은 세계의 화약고라 불릴 만큼 불안한 지역입니다. 세계 평화는 중동 문제를 어떻게 해결할 것인지에 달려 있다고 말해도 과언이 아닐 만큼 중동 분쟁은 심각한 사안입니다. 중동 문제를 분석하고 해결 방안을 생각해 보는 것은 평화를 위해 아주 중요한 문제라고 할 수 있습니다.

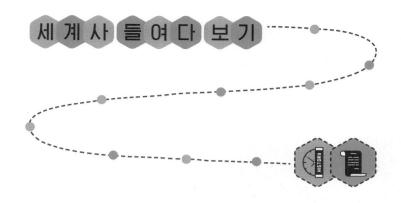

세계사 들여다보기

중동 분쟁이라 하면 흔히 사람들은 이슬람교도들이 '알라
후 아크바르[2]'를 외치며 테러하는 모습을 많이 떠올립니다. 한
때 '한 손에는 쿠란, 한 손에는 칼'이라는 문구가 잘못 전해져
비이슬람권에서는 이슬람을 오해하기도 하였습니다. 우리나
라에도 이슬람교 사원이 이태원에 있기는 하지만 국민의 대다
수가 무교나 기독교, 불교인 상황이라 이슬람교에 대한 오해를
그대로 가지고 있기도 합니다. 이슬람교는 중동 지역과 떼려야
뗄 수 없는 종교입니다.

이슬람교는 7세기 초 아라비아의 상인 무함마드가 창시하
였습니다. 무함마드는 메카에서 잘나가는 상인으로 활동하다
가 알라[3]의 계시를 받아 이슬람교를 창시하였습니다. 이 계시
들은 쿠란(이슬람교의 경전)으로 집대성되어 수많은 무슬림의 이정
표가 되고 있습니다.

무함마드는 유일신 신앙과 평등 사상, 사회 정의 등의 교리

아랍어로 '신은 위대하다'라
는 뜻으로 주로 이슬람권에
서 많이 쓰인다.

이슬람교에서 유일신을 뜻하
는 말이다.

▲ 메카의 하람 성원. 메카는 이슬람교가 탄생한 성지로서 매년 순례자들의 발길이 끊이지 않는다.

© wikimedia

를 사람들에게 전파하며 교세를 확장하였습니다. 그러나 유일신 신앙을 토대로 한 이슬람교의 교세 확장은 기존 다신교의 공포와 견제를 불러일으켜 이슬람교 탄압을 초래하였습니다. 622년 무함마드는 박해를 피하여 메카에서 메디나로 이주하였습니다. 이 사건을 이슬람교에서는 '헤지라'라고 하며 오늘날 이슬람력의 기원이 됩니다.

메디나에서 다시 교단을 정비한 무함마드는 메카를 정복하고 아라비아 전역을 장악하였습니다. 이슬람 제국의 확장은 무함마드 사후에도 계속되었습니다. 이슬람 제국은 새로운 지도자, 이른바 '칼리프⁴'를 선출하고 북아프리카와 페르시아 일대까지 진출하였습니다.

이슬람 제국이 이름을 떨치기 시작한 7세기 무렵, 제국에서는 분열이 나타납니다. 4대 칼리프였던 알리가 시리아의 총독 무아위야와의 내전을 치르게 된 것입니다. 알리는 무아위야와 협정을 맺고 내분을 잠재웠지만 협상에 반대하는 세력에게 암살당하고 맙니다.

어수선한 이슬람 제국을 수습한 사람은 알리를 상대로 내

칼리프는 이슬람 세계의 종교적 지도자를 의미한다.

교과서 토론 | 세계사

전을 일으킨 무아위야였습니다. 무아위야는 칼리프로 등극하여 우마이야 왕조를 개창하고, 자신의 아들에게 지위를 물려주었습니다. '세습 칼리프'의 시작인 것입니다.

알리의 암살을 계기로 이슬람 세계의 종파는 둘로 나뉘었습니다. 알리와 그의 후손들만을 칼리프로 인정하는 시아파와 세습 칼리프까지 모두 인정하는 수니파입니다. 수니파는 오늘날 사우디아라비아를 비롯한 중동 지역의 다수파이며, 시아파는 소수파로 이란을 비롯하여 이라크와 레바논 일부 지역에 분포하고 있습니다.

분쟁 중에도 정복 활동은 계속되어 우마이야 왕조 시기 이슬람 제국의 영토는 서쪽으로는 에스파냐, 동쪽으로는 사마르칸트 지역에 이르렀습니다. 우마이야 왕조를 무너뜨리고 등장한 아바스 왕조는 751년 중국과의 탈라스 전투에 승리하며 무서운 기세를 자랑하기도 하였습니다.

그렇다면 이슬람은 전쟁을 독려하고 평화와는 거리가 먼 종교일까요? 그렇지 않습니다. 아랍인들의 인사말 '앗살라 말라이쿰'은 '당신에게 평화가 깃들기를 바란다'는 의미이며, 무슬림은 신에 대한 절대 복종을 통해 이룩한 평화로운 세계를 이상으로 삼고 있습니다. 무엇보다 이슬람 국가는 다른 종교를 가진 사람들에게 강제 개종을 요구하기보다 세금을 내기만 하면 믿음을 이어 나가는 것을 허용하였습니다.

'성전'으로 번역되기도 하는 '지하드'라는 말을 들어 본 적

있나요? '지하드'는 이슬람교가 전쟁을 옹호한다는 오해를 불러일으키기도 하지만, 신에게 충성을 다하기 위한 투쟁을 의미합니다. 이 투쟁은 자기 자신과의 싸움, 말과 글로 불신자에게 감화를 주는 방식 모두를 포괄하는 개념입니다. 이슬람 학자들은 무력 자체를 부정하지는 않지만 가장 저급한 방식의 지하드로 보며, 전쟁을 하더라도 지하드는 방어적으로 할 것을 강조합니다. 이슬람교에서도 살인은 인간이 저질러서는 안 되는 최악의 죄악입니다. 우리나라 불교의 고유 특색인 호국 불교를 설명하면서 우리나라의 불교는 폭력적인 특성을 가지고 있다고 할 수 있을까요?

그렇다면 국민 대다수가 이슬람교 신자인 중동 지역에서 일어나는 분쟁들의 이유는 무엇일까요? 중동 지역의 가장 해묵은 분쟁은 이스라엘과 팔레스타인의 전쟁입니다. '중동 전쟁'이라 부르는 이 분쟁은 대략 4차 전쟁으로 나눌 수 있습니다.

팔레스타인은 지중해 동부 지역으로 아랍인이 많이 살고 있던 곳인데 오늘날 이 지역에 살고 있는 아랍인을 지칭하기도 합니다. 제1차 세계대전 무렵 영국은 아랍인의 지원을 받기 위하여 팔레스타인을 포함한 중동 지역에 아랍인의 독립 국가 건설을 돕는다는 내용으로 후세인-맥마흔 협정을 맺었습니다. 그러나 곧이어 영국은 제2차 세계대전 당시 유대인의 협조를 구하면서, 역시 팔레스타인 지역에 유대인의 국가 건설을 지원한다는 내용의 밸푸어 선언을 하게 됩니다. 일종의 이중 계약인 셈이죠.

  히틀러가 본격적으로 유대인 학살을 지시하면서 유대인은
팔레스타인 지역으로 대거 이주하였습니다. 이때부터 팔레스
타인 지역의 아랍인과 유대인의 충돌이 잦아지기 시작하였습
니다. 국제연합에서 중재에 나섰지만 양측은 타협안을 받아들
이지 못하고 제2차 세계대전 종전 이후인 1948년에 제1차 중
동 전쟁이 발발하였습니다. 팔레스타인을 지지하는 수많은 아
랍 국가가 참전하였지만, 전쟁은 이스라엘의 승리로 끝났습니
다. 하지만 이스라엘과 이스라엘 주변을 둘러싼 아랍 국가의
갈등은 지속되었죠.

  제2, 3차 중동 전쟁은 아랍 국가인 이집트의 대통령, 나세
르의 선언에서 시작되었습니다. 나세르 대통령은 당시 서구의
합작 회사로 운영되고 있던 수에즈 운하를 국유화하겠다고 선
포하였습니다. 영국과 프랑스의 합작 회사는 운하의 경영권을
바탕으로 운하로부터 나오는 막대한 이익을 차지하고 있었습
니다. 나세르는 이를 경제적 침략이라고 비판하면서 아랍인끼
리 똘똘 뭉쳐 위기를 극복하자는 아랍 민족주의를 내세워 큰
호응을 얻었습니다. 영국과 프랑스뿐 아니라 아랍 국가와 분쟁
하던 이스라엘은 이를 팽창 정책으로 보고 이집트를 침공하였
습니다. 이집트는 전투에서는 패배하였지만 전쟁의 확대를 우
려한 미국과 국제 사회의 압박에 따라 수에즈 운하 국유화에
성공하고 아랍 민족주의를 성공으로 정착시켰습니다. 그러나

▲ 이스라엘군을 향해 돌을 던지는 팔레스타인인

© Saif Dahlah

이는 오래가지 못했습니다.

이스라엘은 요르단강의 수자원 개발 문제를 두고 아랍 국가와 충돌하면서 이집트를 다시 침공하였습니다. 6일 동안 전개된 이 전쟁에서 아랍 국가들은 속수무책으로 당하였고 이스라엘의 영토는 더욱 확장됩니다. 제4차 중동 전쟁 역시 이스라엘의 승리로 끝나면서 이 지역은 유대인이 장악하게 되었습니다.

이스라엘의 점령에 불만을 느낀 팔레스타인 주민들은 무력으로 저항하는 인티파다를 시작하였습니다. 인티파다는 '봉기'를 뜻하는 아랍어로, 팔레스타인인 집중 거주 지역인 가자지구에서 팔레스타인인이 사망한 사건을 계기로 반이스라엘 투쟁으로 확산되었습니다. 잦은 분쟁에 지친 양측은 1993년 노르웨이 오슬로에서 협정을 맺었습니다. 팔레스타인 해방기구의 아라파트 의장과 이스라엘의 라빈 총리는 팔레스타인 자치 정부와 이스라엘을 서로 인정하면서 평화와 공존의 싹을 틔우기 시작하였으나 라빈 총리의 암살, 팔레스타인의 새로운 무장단체 하마스의 협정 반대 등으로 인하여 아직도 해결의 실마리는 보이지 않고 있습니다.

　두 번째 분쟁은 이란-이라크 전쟁입니다. 이란은 1979년 이란 혁명으로 왕정이 무너지고 시아파 중심의 공화정을 수립한 상태였습니다. 이란 공화국은 호메이니를 중심으로 서구식 자본주의를 배격하고, 이슬람을 통한 사회 개혁을 추구하는 이슬람주의를 내세웠습니다.

▲ 호메이니(1902~1989년)

　중동의 수니파 국가는 시아파 중심의 공화정 체제가 확산될까 경계하였고, 특히 이라크의 수니파 정부는 이란이 이라크의 시아파 신자를 선동하여 혁명을 수출하지 않을까 우려했습니다. 이라크는 비록 수니파 정부이지만 상당수가 시아파 신자였고, 소수민족인 쿠르드족도 독립을 원하고 있거든요. 그렇다면 이라크는 왜 이렇게 복잡한 구성을 하고 있을까요? 이라크는 영국의 식민지 정책에 따라 종교나 문화의 차이가 무시된 채 수니파와 시아파, 소수민족인 쿠르드족까지 모두 포함하여 국가를 건설하였기 때문입니다.

　전쟁을 먼저 시작한 쪽은 이라크의 사담 후세인 정권이었습니다. 사담 후세인은 양국 간의 영토 분쟁지역 확보를 명분으로 1980년 이란을 침공하였습니다. 이란의 반서구주의에 경계심을 보이던 서구세력과 중동의 대다수 수니파 국가는 직간접적으로 이라크를 지원했습니다. 전쟁은 8년간의 혈투 끝에 유엔의 중재로 마무리되었지만 어느 한쪽도 승리하지 못한 채 큰 피해만을 남겼습니다.

화약 냄새가 채 가시기도 전에 1990년 이라크는 다시 한번 전쟁에 휘말리게 됩니다. 사담 후세인은 이란-이라크 전쟁을 치르면서 주변국에 많은 빚을 지게 되었습니다. 그중 쿠웨이트와 사우디아라비아는 빚을 갚을 것을 요구하며 이라크를 압박하였습니다. 수니파를 대신하여 시아파와 싸웠다고 생각한 사담 후세인은 불만이 생겼죠. 여기에 쿠웨이트는 이라크와 유전 지대를 놓고 국경 분쟁이 있었습니다. 또 쿠웨이트와 이라크는 쿠웨이트가 영국의 보호령이 되면서 국경이 갈라지게 되었는데 사담 후세인은 이를 근거로 쿠웨이트는 원래 이라크의 영토라고 주장하였습니다. 결국 이라크는 쿠웨이트를 침공하는 이라크 전쟁을 벌입니다. 국제 사회에서는 즉각 이라크의 쿠웨이트 침공을 비판하며 미국을 중심으로 다국적 군을 결성하고 이라크의 바그다드 공습을 결정하였습니다. 최신식 무기로 무장된 다국적 군의 집중 폭격은 '사막의 폭풍' 작전으로도 잘 알려져 있습니다. 이 과정에서 사우디아라비아는 다국적 군의 주둔을 허용하였습니다. 한편, 오사마 빈 라덴은 중동 문제를 자체적으로 해결할 것과 이슬람의 성지 메카에 다국적 군을 주둔시킬 수 없음을 주장하며 반미 테러 단체 알 카에다를 창설하기도 했습니다.

　　오늘날 중동에는 이스라엘-팔레스타인 분쟁, 이란-이라크 전쟁, 이라크 전쟁뿐 아니라 수많은 내전이 있습니다. 소수민족인 쿠르드족 학살 문제, 기독교 정당과 시아파 무장조직 헤즈

▲ 이라크군이 철수하면서 불태운 유정

© Greg Gibson

볼라 사이의 레바논 내전, 시아파 분파인 알라위파 중심의 아사드 정권과 그에 대항하는 수니파 반군의 시리아 내전, 최근 전 세계적인 테러로 악명을 떨치고 있던 IS에 이르기까지 중동 지역은 잠잠해질 새도 없이 전쟁과 테러에 시달리고 있습니다.

중동 지역의 수많은 분쟁의 원인은 중동 내부적인 분열과 갈등의 문제일까요, 아니면 외세의 간섭과 개입 때문일까요? 지금부터 중동 갈등의 배경을 파헤쳐 봅시다.

# 중동은 왜 싸우는가

중동의 분쟁은 전 세계적으로 떠들썩한 이슈이다. 소수 과격주의자들의 무차별적인 테러는 전 세계인을 공포로 몰아넣었고, 전쟁으로 인해 발생한 난민 문제는 중동에만 국한된 것이 아니라 전 지구적인 사회 문제이다. 수많은 인명과 재산 피해는 말할 것도 없다.

중동이 잦은 분쟁으로 심각한 문제를 겪고 있는 이유는 다양하다. 이스라엘과 팔레스타인의 영토 분쟁, 문화와 역사가 다른 이란과 아랍의 갈등, 석유를 둘러싼 강대국들의 패권 싸움, 권위적이고 세속적인 기존 정권과 이슬람 신정 정치를 회복하려는 이슬람주의 세력 간의 정치 권력 갈등 등 복합적인 요소를 고려해야 한다.

사람들은 중동 분쟁의 심각성을 인식하고 이를 해결하기 위한 다양한 방법을 제시하고 있다. 혹자는 분열을 조장하는 독재 정권을 타도하고 민주적인 정권을 세우는 것이 우선이라 하고 혹자는 서구식 침략적 제국주의 문제가 핵심이므로 초기 이슬람의 순수한 정신을 회복해야 한다고 말한다. 많은 사람의 노력에도 불구하고 중동의 갈등은 여전한 것으로 보이고, 해결은 요원해 보인다. 여기에 도를 넘는 편견이나 혐오는 문제의 해결을 더욱 어렵게 만들고 있다. 중동 문제는 근본적으로 어디에서 나타난 걸까? 또 이 문제를 해결하기 위해서는 어떤 노력이 필요할까? 해결의 실마리를 찾기 너무나 어려워 보이지만 모두가 힘을 합쳐 꼭 풀어야 하는 문제이다. 한국고등학교에서는 중동 문제의 원인이 무엇이고, 해결의 실마리를 어디에서 찾을 수 있을지에 대하여 중동 세계 내부와 외부의 요인을 강조하는 학생 토론자를 모아 토론 대회를 진행하였다.

**사회자** ── 안녕하세요. 지금부터 한국고등학교 토론 대회를 시작하겠습니다. 이번 토론 주제는 '중동은 왜 싸우는가'입니다. 이에 대해 중동 분쟁의 원인이 내부에 있다고 주장하는 김관용 학생과 중동 분쟁의 원인이 외부에 있다고 주장하는 박평화 학생의 토론을 진행하도록 하겠습니다. 각자 간단히 자신의 생각을 말씀해 주시죠.

**김관용** ── 안녕하십니까? 중동 분쟁의 원인은 중동에 살고 있는 사람들의 다양한 종교와 민족, 정치적 이념 등의 차이 때문입니다. 중동 지역은 이전부터 유럽과 아시아의 중간에서 다양한 문화가 오가던 교차로였습니다. 특히 종교는 중동에 살고 있는 사람들의 정체성과 정치적 성향을 형성하는 데 중요한 역할을 하였습니다. 이러한 종교의 다양성이 갈등을 일으키는 요소가 된 것입니다. 석유 자원을 국가가 통제하면서 나타난 폐쇄적인 경제 체제와 독재 정권도 분쟁을 조장하는 한 요인입니다.

**박평화** — 저도 중동에서 다양한 문화가 꽃피어났다는 점에는 동의합니다. 하지만 중동의 문화적 다양성이 분쟁을 초래했다는 점은 동의하지 않습니다. 오스만튀르크를 비롯한 중동의 이슬람 국가는 오히려 동시대 다른 종교보다 관용적이었습니다. 서구의 크리스트교 국가에서 이교도 처형이나 마녀사냥의 광풍이 불었을 때에도 이슬람 국가는 대체로 세금을 부담하기만 하면 본인의 종교를 계속 유지할 수 있게 했습니다. 중동의 분쟁이 본격적으로 대두한 이유는 서구 제국주의 열강이 중동을 침략하여 이렇게 복잡한 중동의 문화를 무시한 채 제멋대로 국가를 구성해 버렸기 때문입니다. 여기에 서구 세계의 종교적 편견과 석유 자원을 둘러싼 패권 경쟁은 이를 더욱 심화시키고 있다고 봅니다.

---

### 주제 1
### 이스라엘과 팔레스타인은 왜 싸우는가

---

**사회자** — 양측의 의견 모두 잘 들었습니다. 본격적으로 토론을 시작해 보겠습니다. 우선, 이스라엘과 팔레스타인의 분쟁에 대하여 토론해 봅시다. 먼저, 김관용 학생이 이스라엘과 팔레스타인의 분쟁이 나타나게 된 배경을 말씀해 주시기 바랍니다.

**김관용** — 네, 이스라엘과 팔레스타인의 분쟁은 가장 대표적인 중동 지역의 종교적 갈등에서 촉발한 영토 분쟁입니다. 또 이는 유대인과 아랍인 간의 민족 갈등이기도 합니다. 유대교와 이슬람교는 원래 이 지역에서 오랫동안 대립해 왔습니다. 무함마드는 유대인을 메디나에서 추방한 바 있으며, 제1차 세계대전 이후부터는 시오니즘[5]이 활성화되면서 유대인이 팔레스타인 지역을 차지하기 시작하였습니다. 중동 지역은 대다수 주민이 종교를 가지고 있으며, 종교가 주민들의 생활 방식과 이데올로기에 강력한 영향을 미치는 곳입니다. 정치인들도 종교 성향을 분명히 드러내고 있으며, 투쟁적인 문구를 내세워 주민들을 결속시키는 경우가 많습니다. 최근 중동에서 부상하고 있는 이슬람주의는 중동 지역의 특성을 가장 잘 드러내는 이념이라고 볼 수 있습니다.

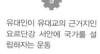

박평화 ── 유대교와 이슬람교가 예전부터 오랫동안 대립해 왔다고 하셨는데 꼭 그렇지는 않습니다. 원래 이슬람교는 유대교에 우호적이었습니다. 무슬림은 예루살렘을 향하여 유대교인과 같이 예배를 드리기도 하였고, 유대인은 독자적인 종교 공동체를 형성하는 것도 가능했습니다. 대립이 심화된 이유는 종교나 민족과 같은 내부 요인이 아니라 제국주의 열강이 이 지역을 자신들의 이권을 확보하기 위하여 다양성을 고려하지 않고 제멋대로 재편하였기 때문입니다. 예를 들어, 영국은 후세인-맥마흔 협정으로 아랍인들에게 아랍 국가 설립을 약속해 놓고도, 뒤이어 밸푸어 선언을 통해 이스라엘에 국가 설립을 약속하는 이중 계약을 해 버렸습니다. 종교나 문화적 차이로 인한 사회 갈등은 지구촌 어디에서나 볼 수 있는 일반적인

유대인이 유대교의 근거지인 요르단강 서안에 국가를 설립하자는 운동

현상입니다. 이러한 보편적인 갈등을 돌이킬 수 없는 극단적인 상시 전쟁 상태로 끌고 간 것은 서구의 몰이해였습니다.

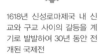

김관용 —— 음, 박평화 학생은 중동 문제를 너무 외부로만 돌리려고 하는 것 같습니다. 종교나 민족 분쟁이 다른 지역보다 중동 지역에서 유달리 치열한 것은 사실 아닙니까? 물론 유럽도 30년 전쟁[6]과 같은 종교 전쟁이 진행되었습니다. 그러나 종교의 자유를 보장하면서 전쟁이 일단락된 유럽과 달리 중동에서는 현재 진행 중인 상태입니다. 민족과 종교를 고려하지 않고 국가를 재편한 지역은 중동만이 아니라 아프리카나 아시아도 마찬가지입니다. 그러나 아프리카와 아시아의 경우 국지적인 차원의 분쟁에서 그치는 데에 반해 중동 지역의 분쟁이 전 세계적으로 이슈화되는 이유는 중동 자체의 분열적인 요소 때문이라고 할 수 있습니다.

박평화 —— 글쎄요, 설사 갈등 요소가 있다고 해도 근본적인 원인은 서구 세계의 책임이 아닐까요? 국제연합은 팔레스타인 문제를 협의할 때도 이스라엘만을 국가로 인정하였습니다. 서구의 기독교 국가는 예루살렘을 오고가는 성지 순례자들을 위하여, 미국과 소련은 냉전[7] 체제 상황에서 자신들의 영향력을 높이고 서로를 견제하기 위하여 이스라엘을 지원하였습니다. 정작 팔레스타인에 살고 있는 무슬림이나 유대인, 기독교인은 회의에 참여하지 못했습니다. 결국 국제연합의 합의안은 유대인과 팔레스타인인 양측 모두의 반발을 일으켰습니다. 시간이 오래 걸렸을지라도 양측 모두의 참여를 보장하고 타협안을 내기 위하여 노력했다면 1차 중동 전쟁은 막을

6
1618년 신성로마제국 내 신교와 구교 사이의 갈등을 계기로 발발하여 30년 동안 전개된 국제전

7
제2차 세계대전 이후 미국과 소련을 중심으로 한 자본주의 진영과 사회주의 진영 간의 정치, 이념상의 갈등과 긴장 상태를 의미한다. 직접 무력을 사용하지 않는다는 의미에서 열전과 대비된다.

교과서 토론 | 세계사

수 있었을 것입니다.

김관용 —— 박평화 학생은 이상주의적인 말씀을 하고 있습니다. 이스라엘과 팔레스타인의 갈등은 이전부터 있었습니다. 유대인은 세계 각지에 흩어져 있으면서 많은 핍박을 받아 왔고, 이러한 핍박에서 벗어나 중동 지역에 유대 국가를 건설하는 것을 꿈꿔 왔습니다. 19세기 말부터 반유대주의가 격렬해지면서 유대인이 팔레스타인으로 이주하기 시작하였는데, 제2차 세계대전 동안 독일의 유대인 학살이 본격화되었습니다. 이 지역의 갈등이 극심해지면서 영국 총독은 불법 유대인 이민자들이 팔레스타인에 입국하는 것을 막기도 하였고, 국제연합에서는 이스라엘을 인정하되 아랍인과 유대인을 이원화하는 안을 구상하였습니다. 국제 사회에서는 갈등을 해결하기 위하여 최대한 노력했다고 볼 수 있습니다.

박평화 —— 김관용 학생이 말한 유대인의 이주가 본격적으로 진행된 이유도 서구의 반유대주의와 독일의 유대인 학살 때문 아닙니까? 뿐만 아닙니다. 2차 중동 전쟁을 생각해 보십시오. 당시 나세르는 영국인과 프랑스인 중심의 다국적 주식회사의 경제 침탈을 막기 위하여 1956년 수에즈 운하를 국유화하였습니다. 프랑스에 맞서 아랍 민족주의를 내세우며 당시 프랑스의 식민지였던 알제리 독립 전쟁을 지원하였고요. 영국과 프랑스는 아랍 민족주의를 무너뜨리고 이권을 지켜 내기 위하여 이스라엘과 손을 잡고 이집트를 침공하였습니다. 중요한 산업 시설을 어떻게 운영할지는 그 나라의 정부가 결정해야 합니다. 그런데 서구 사회는 구시대적인 제국주의를 유지하기 위하여 정부의 고유한 권리를 침해하였습니다.

**김관용** — 영국과 프랑스가 전쟁을 지원했다는 이유만으로 중동 지역의 갈등이 커졌다고 보기엔 무리가 있지 않을까요? 오히려 미국과 소련은 영국과 프랑스를 압박하기도 하였고요. 3차 중동 전쟁(6일 전쟁)도 수자원을 둘러싼 분쟁이었습니다. 중동 지역은 지역 특성상 물이 귀한데 이스라엘은 요르단강을 개발하여 담수를 끌어다 쓰려 하고, 주변 아랍 국가는 이에 반대하면서 수자원 관리에 문제가 생긴 것입니다.

**박평화** — 중동 지역의 내부적인 분쟁을 크게 만들고 있는 것은 서구 열강입니다. 미국과 소련이 영국과 프랑스를 압박한 것은 중동 문제를 해결하기 위해서라기보다는 패권을 장악하기 위해서입니다. 그래서 6일 전쟁 때도 미국이 이스라엘을, 소련이 이집트를 지원한 것이고요. 뿐만 아니라 국제 사회에서는 오히려 국제 협정을 위반하고 있는 이스라엘의 불법 점령을 묵인하고 있습니다. 팔레스타인의 무장봉기가 확산되고 하마스와 같은 무장단체의 지지층이 확대되는 이유가 이것입니다.

---

주제 2

## 중동의 이슬람 국가는 왜 싸우는가

---

**사회자** — 두 분 모두 한 치의 물러섬도 없으시군요. 유대교와 이슬람교라는 종교적 차이, 유대인과 아랍인이라는 민족적 차이, 수자원 분

쟁 등 중동 자체의 갈등이 가장 큰 원인이라는 주장과 내부 분쟁을
확대시킨 것은 서구 제국주의의 패권 다툼이라는 주장이었습니다.
이제부터는 중동 내 이슬람 국가의 분쟁 배경에 대하여 살펴보고자
합니다. 중동에서는 이란-이라크 전쟁. 이라크 전쟁 등 이슬람 국
가 간 전쟁이 치열하게 일어났는데요. 그 이유에 대하여 토론해 보
겠습니다. 우선 이란-이라크 전쟁부터 대화를 나누어 볼까요?

김관용 —— 네. 이란-이라크 전쟁은 이슬람교의 수니파와 시아파 간
의 갈등에서 비롯되었습니다. 수니파는 무함마드의 말씀을 의미하
는 '순나'에서 유래한 종파로 칼리프가 꼭 도덕적인 모범을 보이지
는 않는다고 보며, 성직자도 인정하지 않습니다. 반면, 시아파는 알
리의 후계자만을 칼리프로 인정하는 종파로 종교적 지도자인 칼리
프를 이맘이라고도 부르며 종교적으로 본받아야 할 존재로 봅니다.
성직자를 인정하지 않는 것은 수니파와 같지만 쿠란에 대한 해석을
할 수 있는 권위를 가진 울라마(학자)가 그 권위에 따라 서열을 형성
하고 있습니다. 이런 수니파와 시아파의 차이는 갈등을 촉발시켰습
니다. 다수파인 수니파가 시아파를 탄압하거나 시아파 왕조가 민중
들에게 시아파로 개종을 강요한 바 있죠. 시아파인 사파비 왕조와
수니파인 오스만 제국은 끝없이 전쟁을 일으켰고요. 이런 오래된
갈등이 이란-이라크 전쟁을 불러일으켰습니다.

박평화 —— 수니파와 시아파는 원래 서로 싸우는 종파가 아닙니다. 오스
만 제국이 시아파가 다수인 이란 지역을 통치할 때도 각 종파를 존
중하였고, 이란에는 수니파에 우호적인 정권도 많았습니다. 물론

유혈 충돌이 아예 없었던 것은 아닙니다. 하지만 종파 분쟁이 치열했던 것은 기독교 세계에서도 마찬가지입니다. 로마 교황도 카타리파를 이단으로 보고 잔인하게 진압한 바 있지요. 이란과 이라크의 갈등이 점화된 배경은 이란 혁명 때부터입니다. 서구 세력은 이슬람주의를 천명한 호메이니와 이란을 국제적으로 고립시키고 이라크를 간접 지원하여 갈등을 부추겼습니다.

김관용 —— 이란이 국제적으로 고립된 이유는 미국 대사관을 습격하며 반미주의를 내세웠고 시아파식의 이슬람 혁명을 수출하고자 하였기 때문입니다. 실제로 오늘날 이라크 남부 지역 시아파 세력은 이란의 지원을 받고 있습니다. 아랍의 주요 국가들은 혁명에 의하여 정권이 전복되지 않을까 위협을 느꼈습니다. 여기에 이라크의 후세인은 나세르 이후 한풀 꺾인 아랍 민족주의를 부르짖으며 이란을 침공한 것입니다. 외세를 이용하여 자신의 세력을 넓히려고 한 것이죠.

박평화 —— 사건의 전후 배경을 고려하지 않고 파악하면 곤란합니다. 애초에 이란 혁명 당시 대학생들의 반미, 반서구 감정이 고조된 배경을 생각해 보십시오. 서구 열강은 이란 국왕이 제2차 세계대전 당시 중립을 선포했다는 이유로 강제로 퇴위시켰다가 자신들의 이득에 따라 강제 복귀시키기도 하였고, 이란의 석유 회사를 국유화하려는 민족주의자 모사데크를 축출하도록 압력을 넣어 경제적인 침탈을 일삼았습니다. 이라크의 내전 또한 제국주의 열강이 자신의 입맛대로 국가를 구성한 데서 비롯된 것입니다. 당시 이라크를 위임통치했던 영국은 식민지 인도까지 연결되는 상업 루트를 확보하기 위하여 이라크를 마음대로 묶어 버렸습니다. 북부의 쿠르드족, 중부의 수니파, 남부의 시아파는 고유한 특색을 가지고 있는 집단인데 영국이 전부 다 하나의 나라로 합쳐 버린 것이죠. 뿐만 아니라 통치 체제를 공고히 하기 위하여 각 집단의 갈등을 조장하였습니다. 소수민족인 쿠르드족 학살 사건은 여기에서 비롯되었죠. 오늘날 중동 지역의 갈등과 내전은 이런 제국주의 시대의 산물이라고 볼 수 있습니다.

김관용 —— 쿠르드족 문제의 배경에는 중동 각국이 석유가 풍부하게 매장되어 있는 쿠르드족 거주 지역을 포기하지 못하고 있는 측면도 있습니다. 쿠르드족 또한 원래 각 부족이 분열하고 있던 상황이라 국민 국가를 형성하기 어려웠습니다. 옛부터 중동 지역은 종교 공동체 중심이라 국가와 국민이라는 정체성이 모호한 곳입니다. 이슬람교는 주권이 신에게 있다고 생각하고 종교가 국가를 통제하고 있습니다. 각 지방에 할거되어 있는 술탄들도 중앙집권적인 국민 국가가 형성되지 못하는 데 영향을 끼쳤고요. 중동 지역의 갈등은 이러한 분열적인 내부 요소에서 비롯된 것입니다.

박평화 —— 원래 민족주의는 근대적인 개념입니다. 우리나라는 중앙집권적인 국가를 오랫동안 형성해 왔지만 그렇지 못한 나라들이 더 많습니다. 유럽도 기독교 세계를 중심으로 오랫동안 중세 봉건체제를 이어 나갔고, 중동 지역 또한 이슬람교를 중심으로 한 지방 분권적인 체제였습니다. 그럼에도 오스만 제국이 제1차 세계대전 이후 흔들리기 시작하면서 아랍 민족주의와 튀르크 민족주의 등 다양한 민족주의의 씨앗이 싹을 틔우기 시작했지요. 서구 열강들은 이런 싹을 본격적으로 키우기도 전에 짓밟아 버렸습니다. 오히려 서구 열강은 자신의 영향력을 행사하기 위하여 갈등을 부추기고 중요한 상황마다 끼어들어 문제 해결을 더 어렵게 만들고 있습니다. 이라크 전쟁도 생각해 보세요. 미국은 사우디아라비아에 군대를 주둔시키고 첨단무기를 내세워 이라크를 폭격하였습니다. 이는 오사마 빈 라덴이 알 카에다를 만들어 미국에 대항하는 명분을 만들어 주었죠.

김관용 ── 이라크 전쟁은 사담 후세인이 이란-이라크 전쟁의 피해를 복구하여 자신의 정치 세력을 다시 회복시키고 쿠웨이트의 유전을 확보하기 위하여 일으킨 전쟁입니다. 쿠웨이트가 이라크에 이란-이라크 전쟁으로 진 막대한 빚을 갚으라고 독촉하고 있었고, 이라크와 쿠웨이트의 국경선 근방 루메일라에서 유전이 발견되면서 경제와 국경 분쟁은 전쟁으로 치닫게 되었습니다. 미군의 개입은 사우디아라비아가 이라크의 위협으로부터 자신을 보호하기 위한 방책이었습니다.

## 주제 3
## 중동 문제를 해결하기 위한 방안은 무엇인가

사회자 ── 중동 문제가 국제적으로 중요한 사안이니만큼 치열한 토론이 진행되고 있습니다. 그러면 이와 같은 중동 문제를 해결하기 위해 어떤 노력을 해야 할까요?

**박평화** — 네. 오늘날 중동 분쟁의 가장 큰 이유는 중동 지역에 대한 열강의 간섭 때문입니다. 열강은 중동 지역의 지정학적 위치의 중요성과 석유 자원 확보의 필요성에 의하여 중동 분쟁에 과도하게 개입하면서도 중동 지역의 특수성을 전혀 고려하지 않고 문제를 무력이나 경제적 압박 등 단순하고 빠른 방법으로 해결하려고 하였습니다. 서구 언론과 매체들이 중동 문제를 다루는 방식도 마찬가지입니다. 이슬람주의를 단순히 과격 분자들의 이슬람 신정 국가 건설을 위한 이념이라고 다루거나, 난민들은 사회 혼란을 일으키는 주범이라고 인식하는 경우가 많습니다. 우리나라 또한 이러한 시각에서 자유로울 수 있을까요? 일방적인 태도를 바꾸지 않는다면 중동 문제는 더욱 수렁으로 들어가 버리고 말 것입니다.

**김관용** — 종교와 문화에 대한 무지가 편견과 갈등을 조장한다는 것은 저도 인정합니다. 하지만 중동의 갈등은 내재되어 있던 분열에서 비롯한 바가 크고 이를 해결할 수 있는 방법 또한 중동의 시민 스스로가 가지고 있다고 생각합니다. 이슬람주의는 원래 이슬람의 권위주의적이고 부패한 정권을 비판하고 이로 인한 사회 갈등을 해결하기 위해 등장한 이념입니다. 하지만 시간이 지날수록 이슬람주의 중에서도 과격파가 권력을 잡고 테러 행위를 정당화하고 있습니다. 서로의 차이에서 오는 증오의 고리를 끊고 화해와 상생의 길로 나아가야 합니다.

**박평화** — 저도 중동 지역의 평화는 중동 시민들 손에 달려 있다고 생각합니다. 하지만 오늘날 중동이 겪고 있는 여러 분쟁의 씨앗은 제국주의의 무리한 팽창 정책에서 시작되었다는 생각을 지우기는 힘듭니다. 중동에는 전쟁을 옹호하고 테러를 일삼는 세력보다 평화를 사랑하는 사람들이 훨씬 많습니다. 중동 분쟁의 가장 큰 피해자는 바로 중동에 살고 있는 평범한 사람들입니다. 이들은 전쟁으로 인한 생명의 위협과 생계 곤란뿐 아니라 서방 세계의 편견 가득한 차가운 시선을 감당해야 합니다. 중동의 다양한 종교적, 민족적 차이를 이분법적으로 나누어서는 안 될 것입니다.

 김관용 ─── 중동의 다양한 갈등 요소를 극대화하여 전쟁으로 치닫게끔 하는 것은 중동 자체적인 문제입니다. 중동의 독재 정권들은 대중의 지지를 얻기 위하여 외부 세력의 위협을 과장하고 내부의 적을 처단해야 한다는 프로파간다를 내세우고 있습니다. 정권을 유지하기 위해 갈등 상황에 무관심하거나 오히려 선동하는 경우도 있습니다. 이러한 아집으로 똘똘 뭉친 정권을 심판할 수 있는 힘은 중동 시민 내부에 있습니다. '아랍의 봄'[8]은 중동에서도 민주주의가 확산될 수 있다는 희망을 보여 주었습니다.

## 마무리 발언

사회자 ─── 이제 마칠 시간이 왔습니다. 첨예한 갈등이 빚어지는 곳인 만큼 토론도 무척 열정적이었습니다. 박평화 학생 추가 의견 있으신가요?

8
2010년 이후 중동 지역에서 발생한 민주화를 요구하는 시위 운동과 혁명을 일컫는 말

**박평화** — 네, 김관용 학생이 말씀하신 '아랍의 봄' 또한 무조건적인 서구식 민주주의의 이식으로 보면 안 된다고 생각합니다. 중동 내부에는 서구식 민주주의를 옹호하는 사람도 있지만 서구식 자본주의와 침략주의에 대한 대안으로 이슬람 자체적인 해결 방안을 모색하는 사람들도 많습니다. 그 점을 유의하여 중동 문제 해결에 접근해야 합니다.

**사회자** — 추가 의견 감사드립니다. 오늘 두 학생 모두 철저하게 사전에 준비하고 공부한 내용이 빛을 발한 것 같습니다. 마무리 발언 부탁드립니다.

**김관용** — 오늘 토론 과정에서 제가 중동 내부적인 갈등 요인을 강조하기는 했지만 중동의 전쟁 종식과 평화 정착을 위해서는 중동 자체적인 노력과 국제 사회의 해결 의지 모두 중요하다고 생각합니다. 난민 문제는 최근 우리나라에서도 대두하고 있는데 우리 모두 중동 분쟁에 지속적으로 관심을 가지고 노력해야겠습니다.

**박평화** — 저 역시 중동의 외부적인 갈등 요인을 강조하였지만 중동의 평화는 중동 지역 주민들 스스로의 노력에 의해서 달성되어야 한다는 김관용 학생의 주장에 많이 공감하였습니다. 중동 지역에 다툼이 끝나고 진정한 평화가 깃들기를 기원합니다.

**사회자** — 여러분의 의견을 듣다 보니 2004년 국제 민간 단체 브레이킹 디 아이스Breaking the Ice의 행진이 기억납니다. 이 단체는 얼음을 부수는 것처럼 서로의 갈등과 증오를 부수자는 의미로 테러에 가족을 잃은 유대인, 이스라엘에 잡혀 투옥되었던 팔레스타인인, 전쟁에서 친구를 잃은 이란인 등 10명의 회원이 이스라엘 예루살렘에서 리비아의 트리폴리까지 평화의 대장정을 시도하였습니다. 평화를 위한 이들의 노력은 전 세계 많은 사람에게 감동을 주었습니다. 넬슨 만델라는 '인류의 가장 큰 무기는 평화'라고 했습니다. 이것으로 '중동은 왜 싸우는가'에 관한 토론을 마치도록 하겠습니다. 긴 시간 끝까지 지켜봐 주신 한국고등학교 학생 여러분과 토론자 두 분께 감사드립니다.

# Never Forget the Heroes

▲ 수많은 인명 피해를 낳은 9·11 테러로 「Never Forget the Heroes Act」라는 법안이 생겼다.

2001년 발생한 9·11 테러를 기억하시나요? 화염에 휩싸인 월드 트레이드 센터 건물의 모습은 전 세계로 생중계되었고, 많은 사람은 테러의 위험을 실감하였죠. 테러리스트는 오사마 빈 라덴이 이끄는 알 카에다의 대원으로 밝혀졌습니다. 오사마 빈 라덴은 반미주의를 부르짖으며 테러의 이유는 미국─이스라엘 동맹의 침략 때문이라고 주장하였습니다. 이들은 납치한 항공기를 뉴욕과 워싱턴의 주요 시설에 충돌시켰습니다.

9·11 테러는 수많은 인명 피해를 낳았습니다. 사망자는 3,000명에 육박하였고, 그 후에도 부상자와 2차 피해자가 속출하였습니다. 이렇게 지옥 같은 상황 속에서도 생명을 살리기 위한 수많은 사람의 노력이 있었습니다. 목숨을 걸고 사고 현장에 투입된 소방관과 의료진, 무너진 건물 잔해를 치우는 자원 봉사자들까지…… 그 후 2019년 미국 정부는 9·11 테러 당시 시민들을 보호하기 위해 피해를 감수한 구조 요원을 지원하는 법안을 승인하였습니다. 이 법안의 별명은 다음과 같습니다.

"Never Forget the Heroes Act(영웅을 절대 잊지 말라)"

전쟁과 테러가 난무하는 세상에서 진정한 영웅은 누구일까요? 함께 고민해 볼 문제입니다.

# 중동은 왜 싸우는가

**1. 다음 중동에 대한 토론 내용을 보고, 각 주장에 관한 근거를 정리해 적어 보세요.**

| 중동은 왜 싸우는가? | | |
| --- | --- | --- |
| 이스라엘과 팔레스타인은 왜 싸우는가? | 유대인과 아랍인의 갈등이 문제이다.<br>근거 : | 열강의 중동 문화에 대한 몰이해 때문이다.<br>근거 : |
| 중동의 이슬람 국가는 왜 싸우는가? | 종파 분쟁, 민족 분쟁, 내부 자원 활용 문제 등이 이유이다.<br>근거 : | 내부 갈등을 이용하여 패권 다툼을 한 열강에게 책임이 있다.<br>근거 : |
| 중동 문제를 해결하기 위한 방안은 무엇인가? | 과격 세력을 지양하고 민주화를 위해 노력해야 한다.<br>근거 : | 중동 지역에 대한 일방적인 편견을 없애야 한다.<br>근거 : |

**2. 중동 지역의 분쟁에 관한 본인의 생각을 적어 보세요.**

▲ **오슬로 협정.** 팔레스타인 해방기구(PLO)의 아라파트 의장과 이스라엘의 라빈 총리는 팔레스타인 자치 정부와 이스라엘을 상호 인정하는 오슬로 협정을 맺었다.

# 생각 더하기

+ 생각 더하기는 장별 '마무리하기'의 예시 답안입니다.

---

## 쟁점 1  고대 그리스 민주주의 – 고대 그리스의 민주주의는 민주적이었는가

**자유와 평등의 원칙을 실현했다는 점에서 민주적이다.**

**근거:** 공직을 희망하는 자들에게 관직에 나아갈 수 있는 기회를 제공함으로써 사회적 재화를 동등하게 배분하였고, 통치와 복종을 번갈아 함으로써 진정한 민주시민으로 양성되었다.

**오늘날의 자유와 평등의 원리와는 맞지 않는다는 점에서 부정적이다.**

**근거:** 추첨을 통해 획득된 평등은 재능과 노력이 배제된 평등이고, 검증되지 않은 이에게 관직을 할 수 있는 자유를 준다면 방종이나 사치, 오만으로 흐를 소지가 있다.

**아테네가 노예와 여성, 거류 외국인의 참정권을 배제한 것은 아테네 민주정치의 본질과는 상관이 없다.**

**근거:** 역사적으로 전근대의 어느 사회이건 법률적으로 외국인과 노예들에게 참정권을 부여한 사례는 없다. 오히려 아테네는 참정권을 지닌 시민이 되는 자격 기준을 낮추어 사실상 모든 시민에게 참정권을 부여하였다고 볼 수 있다.

**아테네 민주주의가 노예, 여성, 거류 외국인의 참정권을 배제한 것은 여전히 근본적 한계가 존재하기에 오늘날과 같은 민주주의라고 보기 어렵다.**

**근거:** 시민들이 전적으로 공무를 담당하고 참정권을 누릴 수 있었던 것은 노예들의 노동력 덕분이었고, 여성의 지위는 결코 민주적이지 못하였으며, 그들은 아무런 힘도 권력도 없었다.

**아테네의 민주정은 중우정치로 흐르지 않았다.**

**근거:** 민중을 잘못 인도하는 선동가들은 처벌을 받았다. 공무 수당의 액수는 그리 크지 않았기에 악용될 소지가 적었다.

**아테네의 민주정은 중우정으로 타락하였다.**

**근거:** 페리클레스 사후 선동가들이 등장하였고, 공무 수당제로 인해 배심원 제도의 질이 저하되었다.

**아테네 민주정치는 제국주의와 직접적인 상관관계가 없다.**

**근거:** 아테네가 제국으로 발전하기 전인 솔론 이래부터 민주주의 개혁이 시작되어 6세기 말 민주주의 확립으로 이어졌다.

**아테네의 민주주의는 제국주의에 근거해 발전하였다.**

**근거:** 아테네는 델로스 동맹의 맹주로 추대되어 매년 공납금을 받았고, 이 기금을 민주정치 운영 자금으로 충당하였다.

## 로마제국 – 로마제국은 역사상 가장 위대한 국가였는가

**당시 민주적 정치제도를 시행했다는 점에서 높이 평가할 만하다.**

근거: 왕권 세습이 아닌 선출 방식으로 대표를 선출했다.

**귀족들의 집단 통치 체제에 불과했다.**

근거: 국민의 선출이 아닌 원로원 300명의 귀족에 의해 대표를 선출하였다.

**수도, 도로, 목욕탕 등은 최고의 선진 문명이었다.**

근거: 로마 외 어떤 나라도 이런 문명이 없었다.

**철학, 예술적으로는 최고가 아니었다.**

근거: 그리스의 철학과 예술이 더 우세했다.

**흥망성쇠의 순리에 따라 멸망했을 뿐이다.**

근거: 동로마제국까지 합하면 무려 2천 년이나 존속했던 국가이다.

**정치, 사회의 타락, 경제, 인구의 저하 등이 멸망을 초래했다.**

근거: 실제 멸망 당시 경제가 어려워지고 인구가 저하되었다.

중세 유럽 – 중세 유럽은 암흑시대였는가

| 주제 | 암흑이다 | 암흑이 아니다 |
|---|---|---|
| 연속과 단절 | 중세는 단절된 시대이다. 고대 인간중심의 세계관에서 중세를 건너뛰고 르네상스 근대정신으로 이어진다. | 연속된 시대이다. 중세는 고대와 근대를 연속적으로 이어 주는 시대이다. |
| 신과 인간 | 인간은 원죄를 가지고 태어났고 신에 종속되어 있다. 성경에 없는 연옥의 개념으로 기독교와 성직자의 권위가 절대적이었다. | 중세 교회는 기부금으로 고아원, 행려병자시설, 연금제도, 병원 등을 운영하였으며, 이는 오늘날 사회복지제도의 기관이 되었다. |
| 사회경제 | 로마 멸망 이후 자급자족의 농촌경제인 장원제가 유지되었다. 봉건적인 억압과 부역노동으로 농노의 삶이 힘들었고, 폐쇄적이며 자유가 억압당한 시대이다. | 10세기 이후 좋은 날씨와 개간으로 농업 생산이 크게 늘어나 도시와 시장이 생겨 장원이 점차 해체되었다. 영주의 봉건적 억압이 있긴 했으나 농노를 보호하는 장치도 마련되어 있었다. |
| 학문 | 철학은 신학의 시녀이며, 기독교 사상이 절대적인 이념으로 지배하여 과학과 학문이 발달하지 않았다. 삶의 가치를 내세에 두고 현세적 삶을 속되게 생각했다. | 중세의 신학은 곧 철학이며, 12세기 대학의 발달로 학문과 사상이 발전하였다. 교회는 과학에도 관심이 많아 천문학 등을 연구하였다. |
| 예술 | 종교에 예속되어 예술이 아니라 종교적 목적으로 만들어진 제조품이었다. 인간의 세속에 가치를 두지 않아 현실적인 묘사가 없고, 예술가는 익명의 장인에 불과했다. | 중세 예술은 빛의 예술이다. 중세 후반으로 갈수록 현실적인 세부 묘사와 작가의 이름을 밝히는 예술작품이 만들어졌다. 고딕 양식의 건축은 중세 과학기술의 성과이다. |

##  칭기즈칸의 몽골제국 – 칭기즈칸, 잔혹한 정복자인가, 세계화의 선구자인가

**칭기즈칸은 사람들을 살상하고, 정복한 지역을 파괴하였다.**
근거: 정복 과정에서 수많은 사람을 죽이고, 정복지를 파괴한 기록이 남아 있다.

**전략, 전술 능력으로 광대한 영역을 지배한 탁월한 리더십의 소유자이다.**
근거: 천호제를 조직하고, 능력에 따라 인재를 등용하였다.

**역참제를 시행하여 동서 문화가 활발히 교류되었다.**
근거: 다양한 종교와 역법, 과학 기술이 교류되었다.

**칭기즈칸 사후 제국이 분열되었다.**
근거: 여러 울루스로 분열되어 몽골제국은 해체되었다.

**다양한 사람이 능력을 발휘할 수 있는 다양성이 존재하는 개방적인 사회였다.**
근거: 몽골인들은 자신의 문화를 강요하지 않았으며, 민족, 신분에 상관없이
사람들을 등용하였다.

**몽골인이 모든 결정을 하는 폐쇄적인 사회였다.**
근거: 몽골 제일주의에 의해 신분을 구분하고 이에 따라 중국 지역을 다스렸다.

교과서 토론 | 세계사

## 프랑스 혁명 – 프랑스 혁명은 왜 일어났을까

**혁명을 주도한 사람들은 시민이다.**

**근거:** 프랑스 왕실의 재정 문제로 혁명의 원인을 한정하기보다는 그 원인을 폭넓게 살펴보는 것이 바람직하다. 당시 프랑스에서는 몰락한 소농민들이 다수 도시로 흘러 들어갔지만 풍요로운 생활을 보장받지 못했고, 이렇게 형성된 시민계급이 시민혁명을 주도하였다.

**계몽사상가로 불리는 일군의 철학자들이 프랑스 혁명에 영향을 끼쳤다.**

**근거:** 18세기 프랑스에서는 살롱 문화 등 문화의 저변이 확대되었고, 지식인 사이에서 인간 해방의 이념에 대한 열렬한 공감이 확산되어 갔다. 프랑스 혁명 초기 국민의회에서 채택한 '인권선언'에 계몽사상가들의 주장이 고스란히 반영되어 있다.

**제3신분이 인구의 절대 다수를 차지하고 있었고 시민혁명의 주도세력으로 부상하였다.**

**근거:** 상업과 제조업에 종사하는 대부분의 사람을 프랑스에서는 부르주아지라고 불렀는데, 이들은 제3신분의 상층에 위치하는 기득권 집단으로 특히 프랑스에서는 정치생활과 밀접히 연관된 법률가가 많았다. 이 부르주아 엘리트들이 계몽사상의 세례를 받으면서 부조리한 사회 체제를 바꾸려는 열망을 가지게 되었고, 때마침 소집된 삼부회에 파견할 제3신분의 대표를 뽑는 선거에서 이들이 대거 대표로 선출되며 시민혁명의 주도세력으로 부상한 것이다.

## 서양의 지배-왜 서양이 지배했는가

**서양인은 특별하다.**

근거: 서양인은 독창성과 합리성을 지니고 있으며 진취적이고 민주적이다.

**동양인과 서양인의 차이는 없다.**

근거: 서양인만 독창성과 합리성 같은 덕목을 지닌 것은 아니다. 각자가 처한
문제를 해결하는 방식이 달랐을 뿐이다.

**콜럼버스의 항해부터 본격화되었다.**

근거: 서양이 신항로 개척 이후부터 국제무역을 주도하고 식민지를 개척하면
서 세계 무대를 주도하였다.

**산업혁명 이후부터였다.**

근거: 산업혁명 전까지는 동양이 경제력, 기술력 등에서 앞서거나 대등하였다.

**기술 혁신이 가능한 사회였다.**

근거: 국가와 기업들이 경쟁하는 체제 속에서 지적 재산권이 보호받았고, 종
교적으로도 이윤 추구 행위를 뒷받침하였다.

**몇 가지 우연한 요소 덕분이었다.**

근거: 신대륙을 포함한 식민지 지배로 원료와 노동력을 싼값에 구하고 상품을
팔 수도 있었으며, 증기기관에 필요한 석탄 채굴이 쉽고 편리하였다.

유대인 학살−나치의 유대인 학살은 왜 일어났는가

**'유대인' 학살이라는 이름처럼 유대인에 대한 혐오가 가장 중요한 원인이었다.**
**근거:** 히틀러와 나치의 반유대주의는 명확하고, 절대 다수의 피해자가 유대인
이었다.

**반유대주의를 포괄하는 인종주의가 더 중요한 원인이었다.**
**근거:** 수십만 명의 집시와 독일인 장애인, 정치적 반대세력도 학살되었다.

**학살을 결정할 위치에 있는 존재가 그들이다.**
**근거:** 나치 최고 지도부가 반제회의에서 유대인 절멸을 결정했다.

**그런 대량 학살이 명령을 통해 일관적으로 수행되는 것은 불가능하다.**
**근거:** 상부의 명령 없이 이루어진 학살도 많고, 경쟁적으로 학살을 수행한 경
우도 적지 않았다.

**학살자들이 행한 일은 악마가 아니고는 불가능하다.**
**근거:** 생체실험이나 가혹행위 등의 행위는 악마가 아니고서는 불가능하다.

**악마로 보기에는 악마의 숫자가 너무 많다.**
**근거:** 문명 속에서 일어난 여러 학살을 보면, 개인이 악마가 되었다기보다는
문명 자체에 야만적인 특성이 있다고 보아야 한다.

## 중동 – 중동은 왜 싸우는가

**유대인과 아랍인의 갈등이 문제이다.**

근거: 유대교와 이슬람교, 아랍 민족주의와 시온주의자 간의 갈등이 본질적인
이유이다.

**열강의 중동 문화에 대한 몰이해 때문이다.**

근거: 서구 열강들이 일방적으로 국경 문제를 정하였다.

**종파 분쟁, 민족 분쟁, 내부 자원 활용 문제 등이 이유이다.**

근거: 수니파와 시아파의 갈등, 쿠르드족 학살, 석유 문제 등 중동 고유의 문
제이다.

**내부 갈등을 이용하여 패권 다툼을 한 열강에게 책임이 있다.**

근거: 외부 세력이 내정에 지나치게 간섭하고 경제를 침탈하였다.

**과격 세력을 지양하고 민주화를 위해 노력해야 한다.**

근거: 과격한 일부 이슬람주의자들이 분쟁을 일으키고, 권위주의적인 독재 정
부가 이를 조장하고 있다.

**중동 지역에 대한 일방적인 편견을 없애야 한다.**

근거: 중동 지역의 특수성을 고려하지 않고, 이슬람주의를 과격 분자들의 이
슬람 신정 국가 건설을 위한 이념이라고 다루거나, 난민들을 사회 혼란
의 주범이라고 여기는 것은 바람직하지 않다.

**단숨에 읽을 수 있는, 믿을 수 없을 만큼 흥미진진한 교양서!**

## 누구나 교양 시리즈

### 세계사,
최대한 쉽게
설명해 드립니다

세계사의 흐름을 머릿속에
저절로 그릴 수 있게 하는
독일의 국민역사책

### 철학,
최대한 쉽게
설명해 드립니다

스스로 생각하는
힘을 키워 주는
철학 교양서

### 종교,
최대한 쉽게
설명해 드립니다

문학·역사·철학·과학의
시각으로 들여다보는
세상의 모든 종교

국립중앙도서관 서평전문가 추천도서

### 전쟁과
평화의 역사,
최대한 쉽게
설명해 드립니다

전쟁의 역사에서 찾아내는
평화의 비밀

전국역사교사모임 추천도서

### 윤리,
최대한 쉽게
설명해 드립니다

전 세계 30개 국
100만 청소년들의
윤리 교과서

### 정치,
최대한 쉽게
설명해 드립니다

자유로운 개인들의
사회적 연대를 위한
정치 교과서

### 그리스
로마 신화,
최대한 쉽게
설명해 드립니다

그리스 로마 신화의
맥을 잡아 주는
50가지 재미있는 강의

### 행복의 공식,
최대한 쉽게
설명해 드립니다

전 세계
언론이 격찬한
행복 사용설명서

### 우주의 역사,
최대한 쉽게
설명해 드립니다

경이롭고 가슴 벅찬
우주와 인간의 이야기

## 누구나 인간 시리즈

### 한나 아렌트
세계 사랑으로
어둠을 밝힌
정치철학자의 삶

한나 아렌트를
처음 만나는 이들을 위한
선물과도 같은 책

국립중앙도서관 사서 추천도서

### 조제프 푸셰
어느 정치적 인간의 초상

최고의 전기 작가
슈테판 츠바이크의 역작

### 쇼펜하우어
쇼펜하우어와
철학의 격동시대

전 세계가 인정하는
쇼펜하우어 대표 전기

### 니체
그의 사상의 전기

프리드리히
니체 상 수상작

### 히치콕
영화의 거장

히치콕 전기
최신 개정판

## 교과서 토론 시리즈

### 교과서 토론
| 4차 산업혁명 |

4차 산업혁명을 둘러싼
흥미진진한 맞짱 토론

### 교과서 토론
| 환경 |

환경 쟁점을 둘러싼
흥미진진한 맞짱 토론

### 교과서 토론
| 세계사 |

세계사 쟁점을 둘러싼
흥미진진한 맞짱 토론

## 츠바이크 선집

### 광기와 우연의 역사

키케로에서 윌슨까지
세계사를 바꾼 순간들

**전 세계 50여 개국 출간
최고의 전기 작가
슈테판 츠바이크의 대표작**

## 공부법

### 서울대 합격생
엄마표 공부법

서울대 합격생
엄마들의 입시 성공 노하우
전격 공개

### 대치동에 가면
니 새끼가 뭐라도
될 줄 알았지?

엄마와 아이가 함께
성장하는 대치동 이야기

## 과학·탐구 시리즈

### 누구나 탐구
| 날리기 과학 |

현직 과학 선생님들이 만든
20가지 과학 탐구 실험

대통령상 수상자들이 들려주는
### 과학대회의 모든 것

전국과학전람회·
전국학생과학발명품경진대회
필독서

## 에리히 캐스트너 시집

### 마주 보기

에리히 캐스트너 박사가
시로 쓴 가정상비약